生成ＡＩがもたらす未来の働き方

11の成功例から見るＲＰＡの現在地と
エージェンティックオートメーションの可能性

JN207536

一般社団法人
次世代ＲＰＡ・ＡＩコンソーシアム
（ＮＲＡＣ）

監修
ＮＲＡＣ会長
長谷川 康一
Hasegawa Koichi

目次

はじめに

私ども一般社団法人次世代ＲＰＡ・ＡＩコンソーシアム（ＮＲＡＣ）は、ＲＰＡとＡＩの連携により、ＡＩを活用した自動化のビジョンとそれがもたらす価値を日本全国の現場に届けることを目的として、２０２１年から活動してきました。

一方で、２０２２年11月に公開されたChatGPT 3.5は、生成ＡＩの可能性を世界に知らしめました。自然言語によるチャットで、インターネットから知識を学習済みのＡＩを利用できるという経験は、研究者以外の一般のビジネスパーソンのＡＩに対する認識を変えました。現在も、「飛躍的な進化を遂げている生成ＡＩを仕事に役立てることを、多くの人が真剣に考え、「自分ごと」としてとらえて実践を始めています。

ＡＩを頭脳として、社内のデータやＩＴアプリケーションをＲＰＡが神経系としてつなぐことで実現する、より人間に近い、擬人化された自動化を、ＮＲＡＣでは「新しい自動化」と呼んでいます。生成ＡＩをＲＰＡと連携させることで、「新しい自動化」はさらなる進化を遂げる可能性を秘めています。本書では、自動化が、国内での現状を踏まえ、生成ＡＩによってど

のように進化するかを考察します。

まず、国内でＲＰＡによる自動化の活用が進んでいる11の企業、教育機関、病院、ＮＰＯ団体の方に幅広くご協力をいただき、その取り組みを担当者の方へのインタビューで紹介します。何を自動化したかだけではなく、どのように取り組みを進め、どのような価値が得られたかにもフォーカスすることで、自動化を進めるにあたっての課題や自動化を進めることの意義について、事例から明らかにしています。

次に、ＮＲＡＣが考える「新しい自動化」の概念と普及にあたって存在する「壁」について考察し、生成ＡＩがその壁をどのように乗り越え、「新しい自動化」をビジネスの現場に導入していくことに貢献できるかを論じます。さらに、生成ＡＩとＲＰＡがより深く連携することで実現する「新しい自動化」のあり方である「エージェンティックオートメーション」という新しい概念を紹介します。

最後の座談会では、国内で自動化やＡＩ活用の先進的な取り組みを行われている有識者にお集まりいただき、自動化の未来をテーマに自由に語り合っていただきました。生成ＡＩや自動化によって人の働き方や社会はどのように変わりつつあるのか、導入にあたっての課題をどのように乗り越えていくのか、そしてエージェンティックオートメーションが実現した時、どのような未来がやってくるのか、多くの示唆に富むお話をしていただきました。

本書を通して、読者の皆様が生成ＡＩ×ＲＰＡがもたらす可能性に気づき、笑顔のあふれる未来に向けて一歩を踏み出していただけることを願っています。

第一章

事例インタビュー

※本文中の役職、インタビュー内容は取材時（2023年12月）のものです。

「私が代わりに作ります！」から始めたRPA推進 工数を捻出できないから自動化できない問題を解決して広げたユーザー開発の輪

トヨタ自動車株式会社

トヨタでRPAの導入に取り組み始めたのは2017年です。自動車メーカーからモビリティカンパニーへと会社を変革するにあたって、人的リソースに限りがある中での生産性向上が課題となり、主にホワイトカラーの生産性向上を期待して、RPA導入を全社的に推進する方針が決定されました。

本格的な全社展開にあたっては、部門のユーザーが自らロボットを開発すること、ユーザー開発を広げていくことが大きな課題でした。業務で忙しくRPAの学習をする時間がない、自動化で工数低減するための工数が取れないという課題をどのように乗り越えて

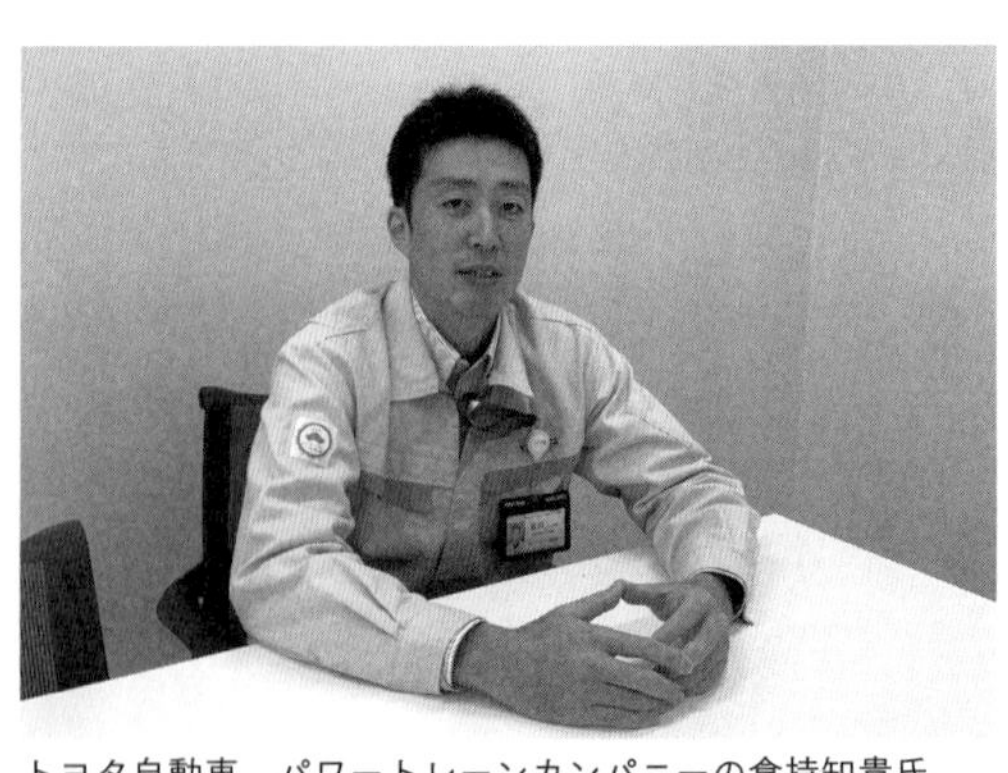

トヨタ自動車　パワートレーンカンパニーの倉持知貴氏

ユーザー開発ができる体制を実現したのか、パワートレーンカンパニーでRPA推進を先導した倉持知貴氏に伺いました。

部門ごとのニーズに対応した自動化にはユーザー開発が欠かせない

パワートレーンカンパニーは、トヨタの中で、車を動かすためのハードウェアやソフトウェアを開発製造している部門になります。動力源となるエンジンやモーター、回転エネルギーを車輪に伝えるトランスミッションやドライブシャフト、これらをコントロールする装置やソフトウェアなど、自動車の心臓部の開発製造に携わっており、20以上の部門に分かれています。私が所属しているパワートレーン統括部は、パワートレーンカンパニーの人事、経理、生産投資、品質管理等を部門横断で支援する役割を担っており、業務品質のカイゼン活動なども推進しています。

ご存じの通りトヨタは非常に大きな組織で、自動化のニーズも多種多様です。本格的に全社展開するためのマンパワーは、情報システム部門だけで賄い切れません。各部門が自分たちの業務に合わせた自動化を自身で行うユーザー開発が必須となります。そのために、まずは情報システム部門が主体となって、開発標準フローやコーディング基準書の整備といったRPA開発プロセスの標準化やサポート体制の整備を進めながら、ロボットを開発していました。

２０１８年いっぱいで仕組みが整い、２０１９年の1月から各本部・カンパニーごとにＲＰＡを推進することになり、ＲＰＡ推進担当者が置かれました。パワートレーンカンパニーでは私が所属する統括部が担当することになったので、「ＲＰＡ、面白そうだな」と思って自ら担当者に立候補しました。

ロボット開発に挑戦し、やり遂げた姿を見て、話を聞いてくれる人が増えた

情報システム部門で開発環境やサポート体制は整えてくれていたものの、実際にカンパニーの中でどうやってユーザー開発を広げていくかということはまったく手探りの状態でした。ＲＰＡ推進担当になり、パワートレーン全体でユーザー開発を増やしたいと考えたので、各部門を回って部内に開発体制を作るように協力してほしいとお願いしていきました。

しかし、部門の人たちから見れば、ＲＰＡって何なのか、どんなことができるのかもよくわかっていない中で、いきなり統括部からやってきた人間に「部内にＲＰＡ開発できる担当者を育成してください」と言われても、どうしていいかわからないというのが本音だと思います。

「それいいね、一緒にやろうよ」とはなかなか言ってもらえなくて、周囲からは「何で統括部

がそんなことやってるの？」「忙しいのにそんなことに割く時間はない」と冷たくあしらわれたり、「私の業務はそんなに単純なものじゃないから」と反発されたりと苦難の連続でした。

それでも一歩先に進めるために、まずは、本当にユーザー開発ができるのかを自分で確かめてみようと思いました。部門ごとにどんなニーズがあるのかを掘り起こすために、各部門に「何かＲＰＡで改善したい業務はありませんか？」と御用聞きに回りました。すると、「自分たちの業務でこんなことに困っているのでＲＰＡで何とかできないか」と関心を示してくれる人がいましたので、「私が代わりに作ります！」と言って、自ら挑戦してみました。ところが、開発はそんなに簡単ではなくて、結局、情報システム部門でロボット開発をしていた人にマンツーマンで寄り添ってもらい、何とか作り上げることができました。

苦労はしましたが、実際に自分でもロボットは作れる、自分で作れば早い、ということが身をもってわかりました。これで自信を持ち、各部門にＲＰＡ推進の責任者を置いて、開発者を育成して体制を整える方向にかじを切ることができました。私が苦しみながらロボットを開発して、そのロボットで実際に業務が楽になったことを見て興味を持ち、話を聞いてくれるようになった方も多くいらっしゃいました。

TPSで部門の仕事を楽にするためのRPA

この時、各部門がRPAを知らない、どんな業務が適しているのかわからない、開発できる人がいない、という3つの課題がありました。まずは、RPAとはどのようなものなのかを知ってもらうために、「TPS（トヨタ生産方式）をやろう」という啓発活動から始めました。

トヨタの最初のプロダクトは、創業者の父である豊田佐吉氏が、毎晩夜なべして布を織っていた母親の仕事を少しでも楽にしてあげるために発明した自動織機です。この、「誰かの仕事を楽にしたい」というのが創業以来変わらないTPSの本質であり、トヨタの企業風土、価値観として社員に浸透しています。

「TPSで部門の仕事を楽にする」ことを目的に掲げ、RPAはそのための手段の1つ、という位置付けを明確にしました。進め方としては、まず従来の業務を書き出して比べる。そしてその中から一番良いやり方を標準として「やめる・減らす・変える」業務がないかを考える。最後に、単純作業や繰り返し作業はRPAで自動化することでTPSを体現できますよ、だから推進しましょう。と説明することで、RPAに取り組もうという仲間が徐々に増えていきました。

業務を見直して、自動化できそうな業務があっても、開発者が部門の中にはいません。育成

TPSとRPAの関係

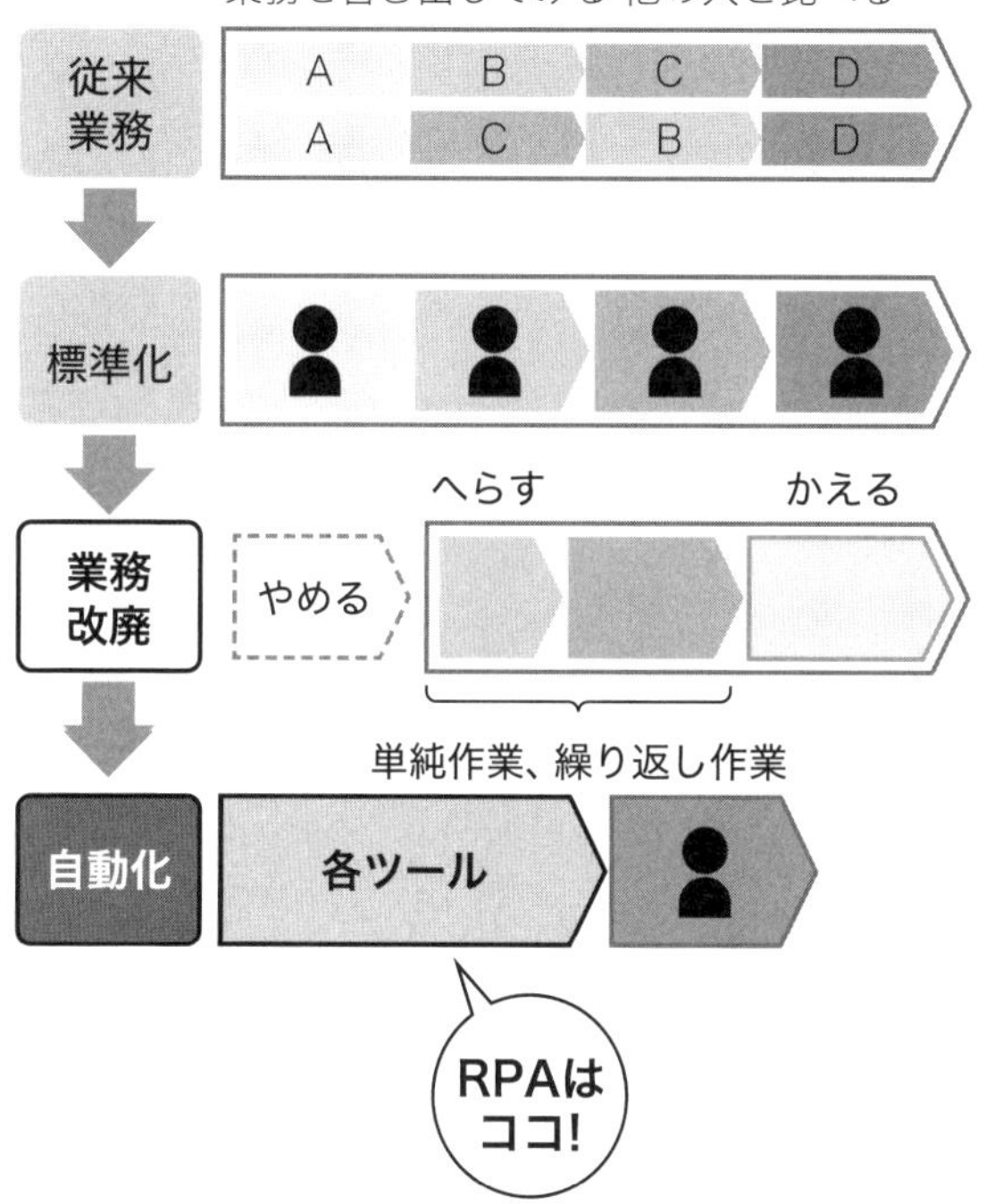

※TPS：Toyota Production System（トヨタ生産方式）

しようにも、皆さん部門の仕事をしながらさらにRPAを学ぶための工数を捻出するのはとても難しい状況です。そういった場合は「その業務は統括部でロボットを作って自動化するから、空いた工数を開発者の育成に充ててください」とお願いして開発者を増やしていきました。当時あった20以上の部門のうち大半の部門で開発者を育成していただけました。

少しずつ部門で動くロボットを増やし、部門内の開発体制も整えて、カンパニー全体で事例共有会を開きました。推進者以外の多くの人にも参加していただいて、各部門の活動実績や推進体制、開発したロボットの紹介や開発の苦労話などを共有してもらいました。他の部門の話を聞き、実際に動くロボットを見ることで、「RPAで楽になるんだ」「自分で作れるんだ」と皆さんの意識が少しずつ変わってきました。

トヨタは大企業なので、今まではシステムやプログラムは情報システム部門やベンダーに依頼して作ってもらうものでした。しかし、システムは少しでも業務が変わると修正しなければなりません。その時、自分で修正できないと、「頼むのも時間がかかるしお金もかかる」と我慢して使い続けようとして、結局使いづらいからシステムそのものが使われなくなっていく、という負の連鎖が生じることもありました。しかし、自分で作ったロボットであれば業務が変わっても自分で修正できます。各部署に「RPAは自分で開発するもの」という考え方が浸透していったのは、大きかったと思います。

チーム活動でＴＰＳとマッチしたＲＰＡ開発を加速

約1年後の2020年には、少しずつ我々のＲＰＡ推進活動にも理解が得られるようになり、各部門の推進責任者が活動し、開発されたロボットが動くようになってきました。統括部にも、部内の推進体制づくりのアドバイスが欲しいという声や、開発したいので一緒に作ってほしいといった声が届きました。しかし一方で、業務の改善よりも「ロボットを作る」ことそのものが目的化しているような状況が見受けられるようになってきました。また、似たような業務を自動化するロボットを別々の部門で重複して開発しているという問題や、部門内で開発者が一人で開発しているので、開発に時間がかかるという問題もありました。例えば、経費精算業務という業務はどの部門でも発生します。処理の流れもほぼ同じです。にもかかわらず部門ごとに経費精算業務を自動化するロボットを作っていると、同じ機能を持つけれどもちょっと違うロボットが複数できてしまい、開発工数が無駄になり、メンテナンスも大変になります。

そこで、同じような業務で困っている人同士をマッチングして、複数人で業務の見直しとロボットの開発を実施するチーム活動を始めました。チームで進めると、業務の進め方を比較してよりよいところを取ることで、業務のカイゼンにつながります。さらに、複数の開発者が協力することで開発のスピードも上がり、他の部門への横展開も可能になります。チーム活動と

ＴＰＳがマッチして、ＲＰＡ活動が加速しました。

「気軽に質問できる関係づくり」で寄り添い開発を成功させる

　ここまでの活動を振り返って各部門の状況を「ＲＰＡで減らせた工数」と「ＲＰＡの開発者数」という視点で見ると、大きく３つのパターンに分かれることに気づきました。パターン１は、ＲＰＡの開発者がそれなりにいて、低減工数が大きいケースです。部内での体制がきちんと整備され、活動もできている状態と考えられます。現時点では順調ですが、今後、担当者が異動になった時に活動の継続やロボットのメンテナンスをどうするかを考えておく必要があります。

　パターン２は、ＲＰＡ開発者の人数は多いが、低減工数が少ないケースです。人材育成は進んでいるのですが、忙しい、難しいといった理由でせっかく育てた開発者がＲＰＡ開発をできていないという状況が考えられます。パターン３は開発者がおらず、低減工数もないケースで、そもそもＲＰＡに適した業務が少なかったり、ＲＰＡ活動の周知が不足していたりといった理由が考えられます。３年目に入って、部門ごとにニーズが違うことがわかってきたので、各パターンに沿った対応が必要だと考え始めました。

一番多かったのはパターン2の「開発者は育っているけれども開発ができていない」という部門です。そもそもRPAの目的は、自動化で工数を減らして浮いた工数でより価値のある仕事をしてもらえるようにすることなのに、「忙しいから開発できない、だから工数低減ができない」という状態になっていました。この状況を変えるために始めたのが「寄り添い開発の強化」です。

私自身が、勉強しただけではロボットは作れなくても、情報システム部門の経験者に寄り添ってもらうことで、自分で開発できるようになるということを、身をもって体験しています。同じように、各部門の開発者がいつでも質問できて、どんな質問に対しても答えられるようにしました。とはいっても、トヨタの社員はみんな真面目なので、「何でも聞いてください」と言ってもまずは自分で調べてから、と考えてしまう人が多い。聞いてくれたら数分で答えられるようなことでも、自分で調べたり悩んだりしていると何時間もかかってしまうことがあります。そういった人たちと、「気軽に質問してもらえる関係」をつくるのが最初の課題でした。

その時役立ったのが、最初に各部門に御用聞きをして集めた「部門ごとの困りごと」のリストでした。このリストをベースに、定期的に部門の責任者や開発者の方に「困りごとはないですか」というヒアリングをしていたのですが、その時に「この業務は自動化できないか」「他の部門で似たようなことをやった事例はないか」といった質問をいただくことがありました。それをきっかけに打ち合わせをして「これならＲＰＡで自動化できますよ」と開発を始めていただき、自分でロボットの開発をやり遂げていただけるようにサポートをしていきました。

この頃には、統括部の中に私以外にも３名ほど開発ができる人がいましたので、チャットで質問を受けてすぐに答えるようにしていました。寄り添い開発で「何でも聞いていいんだ」「自分でもできるんだ」と一度思っていただければ、次からは気軽にチャットで何でも聞いていただけるようになります。実際に、開発者の方からは、「寄り添い開発で自分のスキルが向上して、あれもこれもできそうな感じがしてきた」「もう手作業には戻れない」といったうれしい声が聞こえてくるようになりました。

３年間でＲＰＡ推進体制を各部門に確立

これまでも、折に触れて社員に対するヒアリングを実施し、ＲＰＡを進めていく上での課題や期待などについて聞いていました。取り組みを始めて2年目に、より多くの方からご意見をいただくべく、パワートレーンカンパニーの社員に対してアンケートを実施して、ＲＰＡを進めていく上でどんなハードルがあるのか聞いてみました。その回答の中に、社内の手続きやルールが煩雑でＲＰＡ開発に挑戦できない、というものが多数ありました。例えば、ＲＰＡ開発を業務でやるためには（開発ツールとして導入していたUiPath Studioの）認定試験を受ける必要があるが準備の工数が割けない、開発時の申請が煩雑すぎる、専用ＰＣじゃないと開発ツールが動かない、といった課題がありました。

２年目になると社内のＲＰＡ開発環境も進化して、UiPath Studio Xというもっと簡易なツールが導入され、認定試験不要で個人用ＰＣでもツールを利用できるようになっていました。また、申請も簡略化され、パーソナルトレーニングも開始されたことで、ＲＰＡ開発に挑戦するためのハードルが下がりました。こうした情報を各部署に紹介したり、ハンズオンセミナーを開催して新しいツールに触れてもらう機会をつくったりしました。

また、アンケートでもう一つ出てきたのが、「マネージャーや周囲の理解が不足している、もっと応援してほしい」という声です。ＲＰＡの学習が周囲から遊んでいるように見られる、プログラムにかかる時間が上司に理解されず、工数を捻出できないといった声がありました。こうした状況を変えるために、マネージャーを対象としたＲＰＡ開発のハンズオンセミナーを開催しました。実際にＲＰＡ開発を体験してもらうことで、自分で業務が自動化できること、効率よく開発するためにはプログラム特有の癖やコツをつかむために時間をかける必要があることなどを体感してもらい、ＲＰＡに取り組むメンバーに対する適切な対応につなげるのが目的です。３回開催して、２２５名のマネージャーが参加しました。

２０２２年３月、パワートレーン統括部としてＲＰＡ推進に取り組み始めてから３年間の成果をまとめると、ＲＰＡによる低減工数は２０１８年に比べ３・７倍、部門のＲＰＡ開発者の数は２０１９年に比べて２・３倍に増えています。この時期になると、各部門に責任者も開発者もいましたし、チーム開発で横のつながりもできて、わからないことはチャットで相談して、互いに教え合いながら開発するという体制ができていました。ＲＰＡ推進活動としては一定の成果が出たと判断して、２０２２年４月以降は「ＲＰＡ」を前面に出した活動は終了しました。今は、デジタル化推進の中でＲＰＡについてもツールの一つとして活用していくという方向にシフトしています。

既存業務の自動化だけでなく、新たな業務改善へとつなげる意識が出てきた

ＲＰＡで、既存業務を自動化するだけでなく、自動化によって仕事のやり方を少し変えるＤＸが実現できた例をいくつかご紹介します。

１つめの例は、社外文献調査業務の効率化です。社外文献調査というのは、新しい技術を開発する時や特許を申請する時などに、論文や特許など社外の情報を調べて参考にするための調査です。従来はインターネットやデータベースサービスで文献を検索して、表示された一覧を

人が見て必要な文献を選別し、リストを作成していました。毎月２５００件もの文献リストに対して1件ずつ要・不要を判断して、必要な文献については複写依頼をして承認を受ける、というプロセスをすべて人が手作業で処理していました。

この業務にＲＰＡを導入して、カテゴリーごとに文献の検索式を整理し、検索とリスト作成を自動化しました。また、検索結果をＡＩによって分類し、必要確率が高い順に並べ替え、閾値を設けて一定以下の文献はそもそもリストから除外することで、人による文献選別の効率を大幅にアップしました。必要と判断した文献の複写依頼についても、ＲＰＡによって自動化することで、さらに工数を低減しています。

２つめの例は、ＥＤＥＲへのＲＰＡ活用です。ＥＤＥＲというのは、「Early Detection and Early Resolution」すなわち「早期発見、早期解決」という品質向上活動のことです。お客様に納品した自動車が故障した場合、販売店に連絡をいただきます。販売店からはトヨタに対して報告レポートが送信されます。トヨタはレポートを起点に調査を実施し、対策を実施します。これが従来の基本的な業務フローですが、お客様が故障で困っているのに対策ができるまでに時間がかかることが課題でした。

トヨタは、自動車にさまざまなセンサーと通信モジュールを取り付け、走行情報や故障時の車両の状態をリモートで確認できるコネクティッドカーを展開しています。サーバーに送信されたリモート情報を解析することで、販売店からのレポートがなくても、故障が発生したことを検知し、調査を開始できます。コネクティッドカーの数が増えて、リモート情報をダウンロードして解析する工数が増大してきました。そこで、データのダウンロードをＲＰＡで自動化して、人は本来すべき解析に時間を使えるように業務改善を行いました。

リモート情報の解析によって、販売店からの報告を待たず、現車確認や部品交換などの的確な依頼をトヨタから販売店に出せます。対応のスピードアップが図れてお客様へのサービスが向上します。さらには、車両データをビッグデータとして活用することで、適切なメンテナンスのタイミングをお客様にお知らせする予防保全にも取り組み始めています。ＲＰＡで仕事の流れを変えてリードタイムを縮めることに成功したので、さらに業務を見直そうと組織風土が変わってきているように感じます。

最後の例は、お客様の声を製品やサービスにフィードバックする、という業務です。従来は、お客様センターにいただいた電話の内容をもとに、関係者にフィードバックしていました。加えて昨今は、ＳＮＳやブログなどのインターネット上に公開された情報も、お客様の声として丁寧に収集・分析する必要がありますが、これを人がやると工数がかかります。

現在取り組もうとしているのが、インターネットのデータ収集や、分析結果の展開にＲＰＡを活用して工数の削減を図ること、分析にＡＩを活用して、いただいたご意見の分類や改善点の抽出を自動化させることです。分析を早くすると同時に人によるばらつきを減らして質を向上させることを目指しています。お客様のご意見を素早く製造・サービス部門に展開して、製品やサービスにフィードバックするサイクルを高速化することで、モビリティカンパニーとして社会に貢献できるようになれると考えています。

特別なことは何もない、地道な活動の積み重ね

今回紹介した取り組みに特別ことは何もないと思っています。地道な活動の積み重ねです。「自分でやる」「現場でやる」「仲間を作って組織でやる」ということです。その中で、TPSや、「誰かの仕事を楽にしたい」という企業風土や価値観と取り組みをリンクして共感の輪を広げること、効率的な開発ができるように助け合える環境をつくること、最後までやり切って「自分でもできる」と実感してもらうことを考えながら活動をしてきました。

今後、自動化はAIと組み合わせることで、更なる付加価値につながると思います。私たちもどのような活用をしていくのがいいか、模索している段階です。ぜひ多くの皆さんに新しい自動化やAIの活用に取り組んでほしいと思っています。一緒に頑張っていきましょう。

現場寄り添い型で始めた部内開発が全社を巻き込む従業員開発へ
ロボットに出会ってキャリアが変わり、輝く人を見るのが心地よい

三井住友カード株式会社

※本文中の役職、インタビュー内容は取材時（2024年2月）のものです。

三井住友カードでは、2021年9月からRPAの従業員開発による自動化の推進に取り組んでいます。そこには「費用対効果の観点で優先順位をつけるとこぼれ落ちてしまう、小さな業務を自動化したい」という強い思いがありました。部内での2人チーム体制から全社を巻き込み従業員開発を軌道に乗せるまでの進め方や苦労について、三井住友カードオペレーションサービス本部イノベーションサポート推進部グループ長の渡邊千明氏に語っていただきました。

三井住友カードオペレーションサービス本部
イノベーションサポート推進部グループ長の渡邊千明氏

全社で優先順位をつけると順番が回ってこないから自分たちでやる

弊社でＲＰＡの導入を開始したのは２０１７年でした。日本でＲＰＡが話題になり始めた頃ですので、相当早い方だったと思います。システム投資を行うことなく業務の自動化ができるツールを使っていこう、ということで、試験導入が始まりました。その時の主幹部署はシステム部門で、会社全体のシステムをつかさどる部署です。当然、ＲＰＡの導入についても、各部署の要望の中から費用対効果の視点で優先順位をつけ、会社全体の取り組みとして自動化を進めていました。

費用対効果で自動化の優先順位をつけていくと、規模の小さい業務は効率化により創出される時間が少ないので、順位が下がります。私が所属していたオペレーションサービス本部は約２６００名が所属しており、カード発行業務や清算業務、カードの停止や再発行、コールセンター業務など、カードにまつわるあらゆる事務を行う部署です。一つ一つの業務の規模が小さいので、自動化の要望を出してもなかなか会社全体の取り組みにしてもらうことが難しい状況でした。

２０１８年から２０１９年ごろにかけてそのような状況が続き、２０２０年の7月に、当時のオペレーションサービス本部長、丸山さんが「オペレーションサービス本部の業務は部内でロボットを開発して、自動化しよう」という方針を打ち出しました。そのタイミングでちょうど育児休業から復帰してオペレーションサービス統括部に配属された私が、RPA担当者に指名されたのです。

産休に入る前は経営企画部に所属しており、オペレーションサービス本部の業務についてはあまり理解できていませんでした。なおかつ、RPAの導入が始まった頃には出産休暇を取得中で、RPAという言葉も配属の日に初めて聞いたような状況でした。何もかもわからないなかで、当時は子育てと両立するための6時間の時短勤務の中で、とにかく任された仕事をやり切るということに必死だったように思います。

最初は、私と、協力会社の開発者の方と2人体制でした。RPAのことはもちろん、システム開発の進め方も言葉も全くわからない状態の担当者がいきなり「ロボットの開発をします」と言うのだからシステム部門の方は不安だったと思いますが、会社全体でのシステムやロボット開発のルールについて親切に教えていただきました。

オペレーションサービス本部で開発する意味は「現場に寄り添う」こと

オペレーションサービス統括部で「ロボット開発を始めました」と風呂敷を広げると自動化したいという案件がいくつか出てきました。業務のことは担当者に教わりながら、ロボットの開発は協力会社の方にお願いするというやり方で、わからないなりにひたすら案件をもらって開発を進めていました。やりながらも「なぜオペレーションサービス本部でロボットを開発しているのか」ということが自分の中でそしゃくできていませんでした。

少しずつ実績を積んできて半年ほど経過した頃に取り組んだ案件が、私にとっては大きな転機になりました。大阪のある部署の業務を自動化したいという相談だったのですが、そこで使っているシステムが複雑な仕組みでした。システム部門でもちょっと癖がありすぎるシステムなのでロボット開発は難しい、と言われてしまったそうで、協力会社の方も「ちょっとこれは難しいかな」という感じでした。でも、これを自動化できれば2000時間以上の効率化効果が創出できる。当時の私にとっては、それまで開発した案件の中で、最大の効果が創出できる案件で、どうしてもやり遂げたかった。大阪の現場の担当者の方と何度もミーティングして「どうやったら自動化できるか」を一緒に考えました。時間をかけて要件分岐が複雑すぎる業務フローをシンプルに整理し、そして難度が高いと言われていたシステムを攻略できて、ロボット化が実現しました。

その時、オペレーションサービス本部の中で開発することの意味は「現場に寄り添う」ことなんだと気づきました。システム開発というのは本来、依頼者が要件を定義して、開発者はその通りに忠実に作ることが求められます。でも現場には「ロボットのことはわからないし要件定義もできないけど、自動化したい」という業務がたくさんある。私たちはそこからスタートして一緒にやれる、これを強みにすればいいということを学びました。

それから自分の動き方が変わりました。案件をいただいたらまず現場に行き、業務を観察するようになりました。ロボットは要件定義がすべてです。要件定義ができるのか、要件書が正しいのかというところから現場と一緒に考えるようになりました。簡単なデモを作って現場の皆さんに自動化のイメージを持っていただくことも始めました。

現場寄り添い型でやり始めたら少しずつ仲間が増えて、オペレーションサービス本部内でのロボットの認知度が上がってきました。「こういう業務はロボットで自動化できますか?」という相談を受けることも増えてきました。案件が増えて、開発をお願いする協力会社の方も1人から3人、4人と増えて、システム部門に比べたら小さいものですが効果も積み上がってきました。オペレーションサービス本部の皆さんが気軽に自動化を相談してくれるように変わってきたことに励まされていました。

従業員開発実現のためにシステム部門と徹底的な議論

案件が増えてきたのはうれしかったのですが、一方で課題もありました。当時はロボットの開発は技術を持った協力会社の方が担当する「プロ開発」でやっていたのですが、協力会社の方のリソースはどうしても限られます。最初の頃は小さい案件でもいただいたものには全て対応できていたのですが、案件が増えて来るとどうしても「効果が高いものから」開発することになってしまい、小粒の案件に対応できません。全社の中でオペレーションサービス本部の案件が対応してもらえなかったときと同じ状況が起きてしまっていました。

これを打開するために、「市民開発」、つまり開発のプロではない従業員がロボットを開発する取り組みを始めてみよう！という話が出てきました。直感的に「面白そうだ」と思いました。RPAに取り組み始めて1年半、ロボットで皆の働き方が変わることを目の当たりにしてきました。それを従業員が自分の手を動かして作れるのは新しい世界ですし、そこに自分が携われることが楽しみで、やりたい、と思いました。

そこで課題になったのがセキュリティです。お客様の安心・安全なキャッシュレス利用のために、カード会社にとってセキュリティは命です。システムには当然堅牢で厳しいセキュリティ基準があります。セキュリティをはじめとするシステム開発のルールは、システム部門が取りまとめており、RPAの開発についてのルールも制定していました。そこに「従業員によるロボット開発を進めたい」と相談したところ、最初の反応は「え？　従業員に開発をさせるのですか？」というものでした。セキュリティを守る立場の人からすれば当然だと思います。

話し合いが始まりました。システム部門の懸念点は、従業員開発によって業務システムにデータの不整合が発生するような事故が起きないか、人の処理と比べてロボットが処理することで膨大な処理量が発生してシステムに負荷がかかりすぎないかといったことでした。「従業員開発をするとしても照会系（データを検索して表示する）に限定して登録系（システムにデータを入力する）の使用は禁止してほしい」と言われて「それではできる処理が限られてしまいロボットの開発はできない」と喧嘩腰になることもあったり、どうしてわかってくれないのだろうとくじけそうになったこともありました。この件は最終的に、上席も踏まえた話し合いを行い、こちらの要望を受け入れていただきました。

「継続開発してもらうこと」を重視して開発者を選抜

そこから風向きがだんだん変わってきました。従業員開発の意義や効率化の効果について議論が深まるとともに、システム部門の方も「従業員開発、やってみましょうか」という雰囲気に変わってきました。そこから実際にスタートするまでには、ルールの整備やシステム環境の調整などで数カ月かかってしまったのですが、ともかく２０２１年９月からオペレーションサービス本部で従業員開発をスタートすることができました。

従業員開発のスタート時には、本部内で10名を選んで2カ月間の研修を受けてもらいました。受講者を選ぶにあたっては、ITの素養だけでなく、業務を知っていて現場目線で自動化を考えられる人を選びました。

私どもの研修の特徴は「寄り添い型」で、講師と受講者が1対1でロボット開発まで行うことです。UiPath Studio Xというツールを使って、ツールの使い方から1つの業務を自動化するところまで、外部から招いている講師の方が指導します。2カ月後には卒業発表会を実施します。そこには研修に参加した方の上司にも参加していただき、ロボットの実演とRPA開発の苦労話などを共有します。そして重要なのが、卒業後に必ず2つめのロボットを開発していただくようにお願いしたことです。研修を受けた従業員には、継続して開発していただくことに注力したのです。

研修は誰でも受けていただけるわけではありません。「私がやってみたい」という自薦だけではなく、「この人に研修を受けさせたい」という上長からの推薦もありますが、選考時には「案件」「やる気」「時間」を重視します。自動化に資する案件を持っている人なのか、多忙な業務の中で継続的にロボット開発に時間を割いて自動化に寄与していただけるのか、というところを見ています。

「罪を作らない開発」のためのガバナンス

効率化と同時に重要なのが、ガバナンスです。ガバナンスというと、ともすれば窮屈なルールに縛られると捉えられがちなのですが、私たちは「罪を作らない開発」のためにルールの遵守は必要だと考えています。作ったロボットで何か事故が起きても開発者が責められることがないように、事故を恐れて開発者が萎縮することなく、堂々と業務効率化に向けて開発できるようにしたいのです。従業員開発をする人には、「面倒でも開発に至るまでの承認や決裁などの手続きは何かあった時にあなたを守るためのルールだから、守ってください」と繰り返しています。

実際に、開発したロボットで自動化した事務処理に、ミスが発生したことがありました。やはり「ロボットの仕様ミスではないか……」という声が上がってきました。しかし、開発者がルール通りに承認プロセスをとっていたので、さまざまな人がロボットの処理について確認して承認していた記録が揃っており、開発者には責任がないことを示せました。

きちんとルールを守って進めていれば、何か事故があってもあなたがやったことは間違っていないということが証明されます。ガバナンスの話をする時には、必ずこの事故の教訓についても一緒にお話しすると、皆さん聞いてくださいますし、実際にルールが守られていると思います。

もう一つルールとして決めているのが、開発したロボットの保守です。管理者を失なった〝野良ロボット〟を発生させないことが従業員開発ではとても重要です。これは、最初にシステム部門との議論で、従業員開発で開発したロボットの保守と管理は導入した部門の従業員が行い、開発者が異動した時は担当を引き継ぐルールを整備しました。

他部署からの要望が広がりイノベーションサポート推進部の設立へ

オペレーションサービス本部で従業員開発を導入して開発者が徐々に増えてきましたが、従来の、協力会社の方による開発も併用していました。両者を合わせて、自動化の効果も、システム部門のRPAには及びませんでしたが、遜色ないぐらいのレベルにまでは積み上がってきました。RPAに関わり始めた時にも思いましたが、同じRPAの開発といってもシステム部門と私たちでは推進の仕方が違います。システム部門の方は、できることとできないことをきちんとわかっていて、できないことはできないと割り切って効率よく開発を進められます。対して私たちは「とにかくなんでもまずやってみよう」から入ります。どちらが優れているというのではなく、世界観が違いました。それぞれのやり方で開発を進めつつ意見交換会を定期的に実施していました。

　そうこうするうちに、オペレーションサービス本部の中でＲＰＡが広まって、案件が増えて着手の順番待ちが発生するようになりました。諸々の事情で、ある時、順番待ちの案件の開発をシステム部門にお願いしたことがありました。私たちにしてみると、できない案件をお断りしなくてよくなりましたし、システム部門もあらかじめ業務を整理し要件を明確にしてからの依頼で開発しやすかったようです。

　また、当初は従業員開発者向けの研修はオペレーションサービス本部を対象に行っていました。ですが、他本部の事務処理が多い部署からも研修に参加したいという声をいただくようになりました。社会でＤＸが叫ばれるようになり、デジタルに興味を持つ社員が増えたこともあると思います。

　システム部門との協力体制が出来上がってきたことで、オペレーションサービス本部の担当役員である丸山常務が「システム部門と全面的に協力して、全社を対象とした新しいＲＰＡ推進体制を作ろう」と言い出しました。そして２０２３年4月、システム部門とオペレーションサービス統括部でＤＸを推進していたチームが母体となって、イノベーションサポート推進部ができたのです。

　イノベーションサポート推進部はＲＰＡをメインとして、さまざまなデジタルツールで全社の効率化を進めることをミッションとしています。開発は従業員開発、協力会社によるプロ開発の2つの体制で行っています。

2023年度末時点では寄り添い研修を受けた従業員開発者は300人を超える見込みです。従業員開発に携わっている人は、自分の手で自動化が進むおもしろさや、自動化によって周囲の人に感謝されること、部署のKPIである削減時間に自分が寄与できるといったことにモチベーションを感じて下さっていて、それを見た人が「私もやってみたい」と手を挙げて輪が広がっています。

注力しているのは、研修卒業者に開発を継続していただくためのサポートです。学んだことを活かして開発していただくにも、ロボットを完成させるためにはサポートが必要です。そのために、サポート窓口を開設しています。ヘルプデスク形式ではなく、予約制で開発者が30分から1時間、講師のサポートを受けられます。

研修を受けた従業員の中には、ロボット開発のスキルを磨いて、プロ開発と市民開発の間ぐらい、セミプロ級の開発者も出てきました。部内でロボット開発の専属担当者として任命される人も増えています。そのような高スキルの方にどう活躍いただくかを考えた時に、研修やサポートの講師を担っていただけば、自社のことをわかっている分、より痒いところに手が届くのではないかと考えました。そうした高スキル人材から研修のトレーナーを育成して、寄り添い型研修を内製化しようと動き出しています。

他にも、イノベーションサポート推進部の従業員開発推進チームでは、従業員の皆さんが開発したロボットの横展開や事例の共有、ロボット開発実績の認定制度など開発者コミュニティを盛り上げる施策を実施しています。

こうした施策で従業員開発を盛り上げてきたことも手伝って、取り組みの開始から2024年3月末までの累計効率化実績は、従業員の開発、プロ開発者の開発を合算して、ロボット数2300体、150万時間、800人月以上の時間創出効果につながる見込みです。

業務効率化にとどまらず、担当者のキャリアに寄り添う

これまで3年半、自動化の取り組みをやっていて思うことは2つあります。一つは、自動化による効率化は作業時間を減らして、よりクリエイティブなことに時間を割いたり、新しい業務を吸収したりできるという、世間でよく言われるロボットの効果で、それは全くその通りだなということ。そしてもう一つ、より強く感じているのが、ロボットに出会って、著しくキャリアが変わる人がいるのがとても魅力的だということです。

私と同じグループのメンバーを見ていても、今までは事務作業として決まった業務をルーチ

ンワークでこなしていた人が、ロボットと巡り合ったことで変わっていきます。ロボットによる自動化を進めることで効率化を積み上げる、それを発信することで注目され、仕事が集まってくるようになる。すると、仕事のモチベーションが上がり、顔つきが変わってきます。そしてスキルアップしてキャリアが変わっていくのを見ていると、この人は新境地を開拓できたのだなと感じて、それがとても心地よい。私自身もそうです。そういう側面がロボット開発にはあります。

今期の目玉施策として、イノベーションサポート推進部への社内留学プログラムを実施しました。他部署の事務業務に携わる職種の方に、短期間イノベーションサポート推進部に常駐していただき、要件定義のノウハウやロボット開発スキルを学んでいただくというものです。元の部署に戻った後は、ＤＸ推進担当者として活躍いただくという、スキルアップとキャリアチェンジを図る施策です。単なる業務効率化ではなく、担当者のキャリアにも寄り添うというチャレンジです。他にも、ロボット開発によるシニア人材活用など、さまざまなアイデアが検討されています。世間で注目されているロボットやＤＸのど真ん中に自分がいるという、今までとは全く違う環境で輝いている社員を見ているとうれしく感じます。

ここまでの取り組みで、私自身は推進者とはいえ、自分の力はほんの少しでしかなく、多くの人に頼って進めてきました。これから取り組みを推進していく方にお伝えしたいのは、いろいろなことをクリアしないとプロジェクトは動かない、ということです。社内のルール、技術のハードル、人のモチベーション、案件のタイミングなどさまざまなことが目の前に立ちはだかりますが、それを全部自分ごととして捉えることが全てです。私自身は、自社のRPAのことは自分が一番知っている、人には頼るけれど推進は任せない、何かあったら自分が責任を取るという気持ちでやってきました。自信を持って、間違ってもいい。間違いから学ぶこともたくさんあります。導入したらいいことが絶対にあるので、それを信じて、恐れず逃げず、いろいろな人を巻き込んで進めていただければと思います。

自動化の成功体験が生産性向上の種をまいた

※本文中の役職、インタビュー内容は取材時（2024年1月）のものです。

丸喜産業株式会社

丸喜産業は富山県に本社を置く中小企業です。県下に4つの工場を持ち、プラスチック原料販売、着色加工、リサイクル材の開発、製造、販売、回収を一貫して手がけています。取引先の多様なニーズに応える製品開発とロットの大小を問わない柔軟な生産体制で成長してきた同社ですが、そのために営業・製造現場のバックオフィス業務をこなす部門では、長時間の残業が常態化するという問題を抱えていました。

この課題を解決するために、中堅・中小企業に特化してRPAを活用した業務効率化及びDX推進コ

左から丸喜産業国内営業部業務課長の石積茜氏、代表取締役社長の小薗雄治氏、第1製造統括部長の柳原剛氏

ンサルティングを提供するASIMOV ROBOTICS（アシモフロボティクス：以下アシモフ）をパートナーとして、RPAによる自動化を段階的に進めています。同社の取り組みについて、丸喜産業株式会社（以下丸喜産業）代表取締役社長の小薗雄治氏、第1製造統括部長の柳原剛氏、国内営業部業務課長の石積茜氏と、アシモフ代表取締役の藤森恵子氏にお話を伺いました。

5人で支えるバックオフィス、年間3000時間の残業が常態化

小薗：丸喜産業には4つの工場がありますが、製造指示、売上管理、仕入れ・在庫管理などのバックヤード業務は本社国内営業部業務課の5名のスタッフが行っています。当社では基幹業務システムを導入しておらず、これらの業務はエクセルファイルで行われています。このエクセルファイルは販売管理システムとの連携がされておらず、重複入力が発生していました。また、入力の方法や業務の進め方も人によって異なる業務の属人化が発生しており、そのことでさまざまな問題が発生していました。

石積：例えば受注時に記入する商品名は「材料名ｰ製品名ｰ色」の組み合わせになるのですが、同じ商品でも人によって記入する順序が違うことで表記ゆれが発生し、同じものなのに複数の

商品名が存在することがありました。同じ商品の製造指示をするのに過去の指示書を参考にしたいと考えても、検索できなくて手間がかかったり、ミスが発生することがあり、時間を取られていました。

営業が起票する売上稟議書のフォーマットも人によってまちまちで、入力に時間がかかっていました。さらに、4つの工場は業務フローや文書が標準化されておらず、データも連携できていませんでした。

小薗：こうした状況下で、国内営業部業務課の残業時間は5人合計で年間3000時間を超えていました。この課題を解決するには、DXや基幹業務システムの導入が必要だと思いました。しかし、業務が標準化されていない状態ではどんなシステムを入れればいいのかわからない、そもそもどうやって標準化を進めていけばいいのかわからず、途方に暮れていたのです。そんな時に、弊社の株主の方からアシモフを紹介されて、RPAについてお話を聞いたのです。

RPAはエクセルの作業を自動化できるということで興味を持ちましたが、私どもは単なる自動化にとどまることなく現在の非効率が発生している原因を見極めなくてはいけないと考えていました。アシモフのコンサルティングサービスは始めにRPAというツールありきではなく、業務の可視化や課題の抽出、標準化の提案までしてくれるということで、弊社に最適だと判断してお願いすることにしました。

最初から自社で開発することは考えていなかった

小薗：プロジェクトチームは私が責任者となり、社内からは業務課の石積、製造本部長の柳原、販売管理システムと社内のパソコン周りの管理を担当している管理部の入江、それにアシモフの藤森さんに入っていただきました。

最初からロボットの自社開発は考えていませんでした。弊社には専任のＩＴ担当者はいません。社内で一番ＩＴに詳しいのは製造本部長の柳原ですが、彼が開発に回ったら業務が止まってしまいます。アシモフとワンチームで、任せられるところは任せて自分たちにできることをする体制にしました。まずは業務の可視化や課題の抽出については藤森さん率いるアシモフの業務コンサルチームにお願いしてやり方を勉強させていただき、業務の整理は自社で実施。そしてロボットの開発やメンテナンスはアシモフの開発チームにお任せすると割り切ったのです。

藤森（アシモフ）：プロジェクトを進めるにあたっては、月次ミーティングを必ず実施して、進捗状況はこちらからプッシュで確認していきました。皆さん、通常業務をこなしながら、追加で業務改善にあたるのは大変ですから、放っておくと必ず失速します。そこを第三者の目でチェックさせていただくことで着実に進めていきました。小薗社長は会議に必ず参加されていました。自動化を進めていく上では色々と大変なことがあったのですが、皆さんが頑張れたのは「社長がちゃんと見守ってくれている」という部分も大きかったのでは、と思います。

また、丸喜産業様向けのロボット開発は、ロボットごとにメイン担当者+サブ担当者の2名体制でエンジニアが開発とメンテナンスを行っています。なおかつ、担当者を定期的にローテーションすることで、何かあった時には必ず対応できる体制を整えています。

定期ミーティングはロボットの稼働後も継続して、ロボットの活用を支援します。そのために、活用サポートチームがロボットごとの稼働回数や失敗回数をリモートで確認しています。ロボットが長期間稼働していなかったり、稼働しても失敗し続けているようなら、何か業務が変わったのかを確認し、ロボットの修正や業務の再整理など、活用するための対応をしていきます。

ASIMOV ROBOTICS代表取締役CEOの藤森恵子氏

「ここを乗り越えたら絶対に楽になる」

小薗：最初にロボットを導入したのは、業務課の、受注から加工依頼書送付までの業務の効率化です。実は、2020年7月からに産休に入る社員がいて、代わりに派遣社員を入れることになっていました。そのためKPIとしては、業務課の残業時間を半分にする、産休と派遣社員への交代で通常増える残業時間を増やさないことを掲げました。

石積：プロジェクトがスタートしたのが2020年の初めでした。アシモフさんは東京から足を運んでいただき、富山の本社だけでなく、工場でも直接業務や困りごとについてのヒアリングをしていただきました。ヒアリングの結果をもとに業務の全体像を見える化していただき、「ここにロボットを入れて自動化すると楽になります」というのを見せていただいたことで、ロボットと一緒に働く具体的なイメージが湧きました。

この業務では、営業から上がってくる売上稟議書を商品マスターに登録し、各工場に加工依頼書を送ります。商品マスター登録は担当者が行いますが、そこから加工依頼書を作成し、工場に送信するところはロボットで自動化しています。商品マスターと販売管理システムに入力する内容は重複しているので、販売管理システムの入力をロボットで自動化することで、省力化と転記ミス防止が図れています。今まではそれぞれのエクセルファイルを人が全部入力して

■フェーズ1で自動化した受注／出荷指示業務（Before）

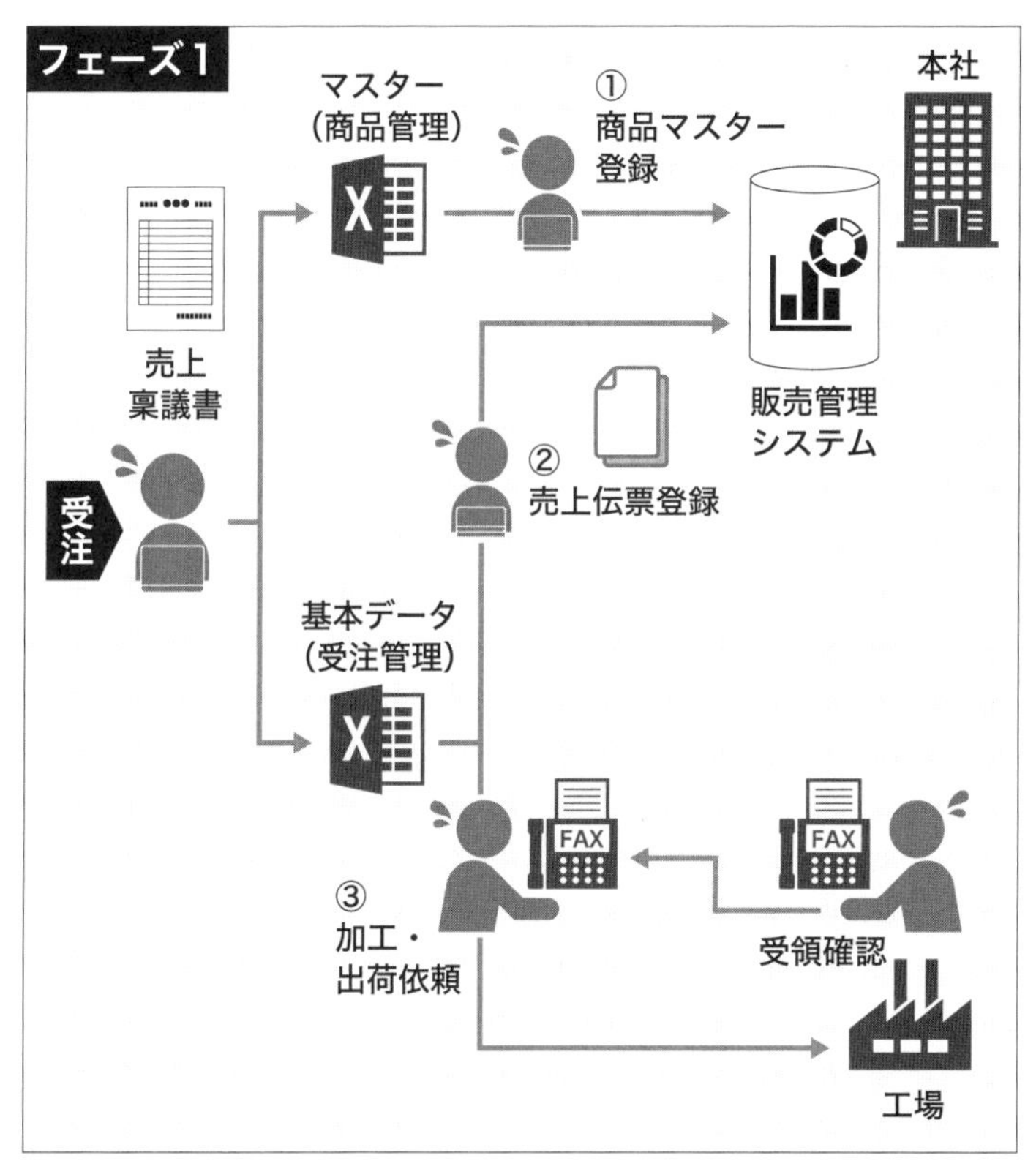

Before

- 基幹システムがなく、大量のエクセルを利用していたため、二重、三重の入力があった。
- 作業の属人化により、商品名が統一されていないなど、データがバラバラだった。

いたのですが、最初の商品マスター登録だけエクセルに入力すれば後はロボットが自動で作業をしてくれるようになりました。

藤森（アシモフ）：最初のヒアリングは2月でしたが、その後は新型コロナウイルスのパンデミックで訪問が難しくなり、その後のミーティングや開発は全てリモートで進め、5月には提案したロボットを納品しました。

石積：ロボットの開発と並行して業務課で進めていたのが、業務の見直しと標準化です。業務課の5人で、過去2年分の商品マスターの商品名の統一や人によってバラバラだった売上稟議書の形式の統一といった地道な作業を4カ月かけて行いました。通常の業務をしながらの作業なので当然残業時間はさらに増えますし、新しいことをやるわけではないので正直、モチベーションも上がりません。途中で何度もくじけそうになりましたが、「これさえやればロボットが仕事をしてくれる分、私たちの残業が減る、楽になる」と自分たちに言い聞かせ続けて、最後までやりとげました。ゴールが見えて、どんないいことが待っているかがわかれば頑張れるし、皆の協力も得られるんだと思いました。

小薗：この時期の業務課のメンバーは隣で見ていてもとても大変だったと思います。皆の心が折れないよう、未来の絵を描いて前を向いてもらうのが私の役割だと思い、なるべく伴走していました。

▌フェーズ1で自動化した受注／出荷指示業務（After）

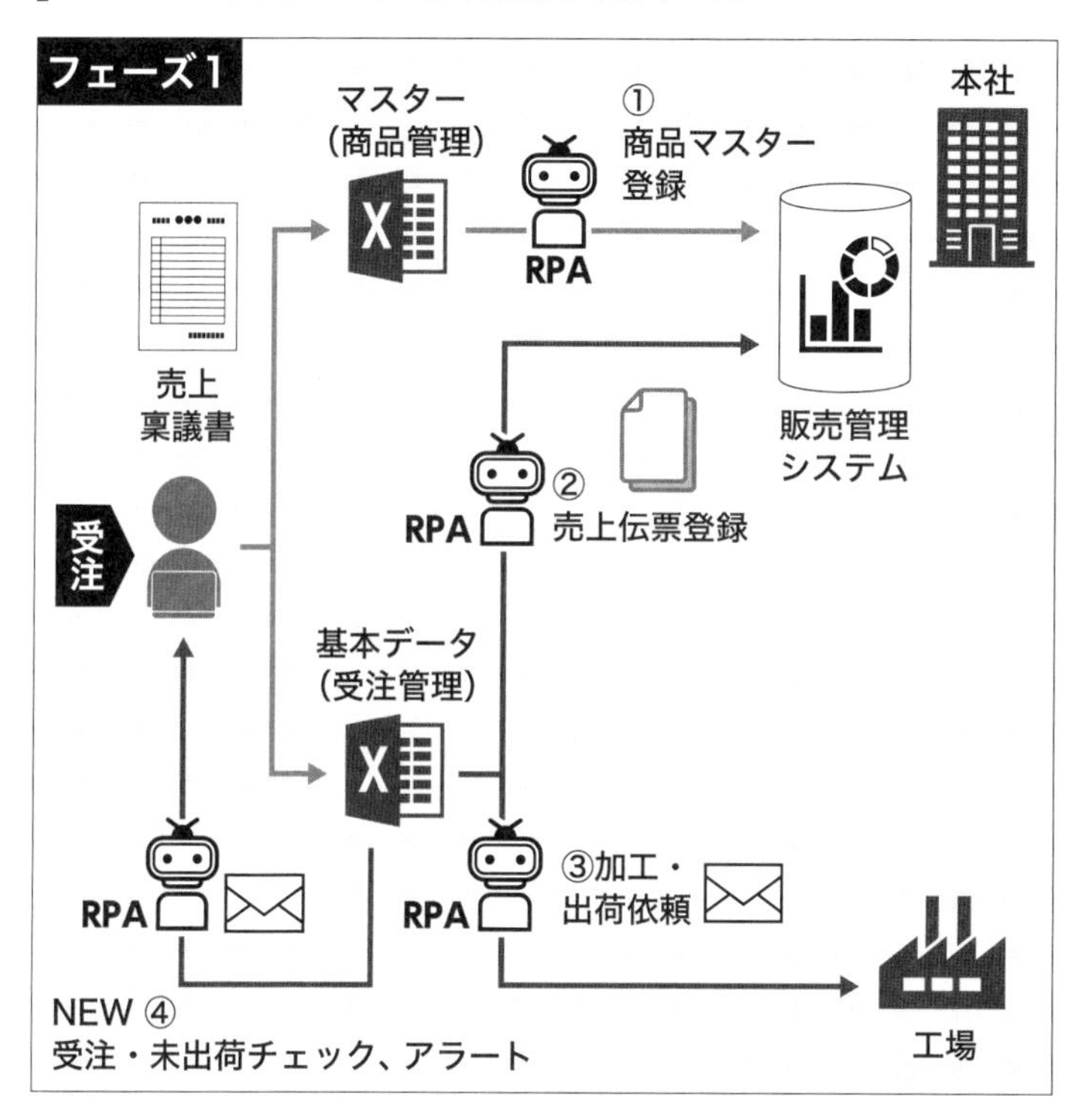

After

受注／出荷指示 業務効率化

3800時間／年の工数削減

- エクセルと販売管理システムへの二重入力を回避。
- 加工・出荷依頼の自動メール送信でFAX送信と受領確認作業がなくなった。
- 売上稟議書の標準化でエクセルへの入力作業そのものが迅速になった。

業務の標準化により迅速な引き継ぎが実現

- 作業が標準化されたことで、引き継ぎがスムーズになり、人員の交代時にも残業が発生しなかった。
- テレワークなどの柔軟な働き方が可能になった。

ロボットを入れていない業務も大幅な時短を実現

小薗：ロボットが稼働して業務の標準化が進んできたことで、業務課の残業は目に見えて減っていきました。7月に業務課の社員の1人が産休で派遣社員に交代したときも、残業は減り続けました。最終的には、業務課全体で残業が1日あたり16時間ほど減りました。年間で3800時間と、目標を上回る効果が出ました。コロナ禍もあってスタッフが皆疲れて暗い表情だったのが、ロボットが動き出したころから目に見えて明るくなりました。ロボットとの協業で職場環境が改善され、スタッフが喜んでいることを実感でき、とてもうれしく思いました。

石積：ロボットを入れてないのに作業時間を短縮できたのが、売上稟議書の入力です。バラバラだった売上稟議書のフォーマットを統一したことで、入力がものすごく早くなって、標準化の大切さを実感しました。また、受注したのに出荷指示ができていない注文のチェックも、今までは「気づいた人が確認する」という非常に属人的な対応でしたが、標準化によって「受注後一定日数たっても出荷指示書が送付されていない注文に対してはアラートを出す」という運用を自動化できました。

また、販売管理システムへの入力をロボットにしたことで、販売管理システムのライセンスを減らすことができたことも良かった点です。いままで担当者の人数分（5名）必要だったのが、管理者＋ロボットの2名分で済むようになり、コスト削減にもつながりました。

ロボットが稼働して、働く仲間が一人増えたような気がしています。標準化は大変だったけど、おかげで夢のように楽になったと業務課は皆喜んでいます。

小薗：さらに良かったと思うのが、業務課で残業が減ったという成功体験で、社内に「見える化」「標準化」で業務が効率化され楽になる、という考え方が浸透したことです。RPAの対象になっていない業務でも、自主的に業務の見直しに取り組む動きが社内に出てきました。RPAの導入によって社内に生産性向上の種をまくことができたのはとても良かったと思います。

今までできていなかった在庫管理に着手できた

柳原：フェーズ2として取り組んだのが、工場の在庫管理の自動化です。今までは4つの工場がそれぞれで材料を持っており一元管理ができていませんでした。各工場の在庫を在庫管理表に集約することで、どこに何があるかが把握できるようになりました。
フェーズ1で標準化された加工依頼書をもとに、工場では生産指示書を作成します。材料の在庫状況やリサイクル材の配合によって、同じ製品でも異なる作り方をする場合があるので、生産指示書は人が作る必要があります。その際に、在庫管理表や、新規に作成した商品・材料対応表（レシピ的なもの）を参照できるようにしました。在庫管理表、商品・材料対応表などのファイル構成は、アシモフさんからの提案です。

加工依頼書に基づく材料の引き当てと残高表の更新をロボットで自動化したことで、いつでも最新の在庫を確認できるようになりました。今までは工場間で材料の在庫を共有することはなかったのですが、在庫表を利用することで、工場間で在庫を融通し、納期の短縮が可能になりました。

フェーズ2の自動化の効果は、数字で表すことは困難です。フェーズ1は今まで非効率だった業務を改善したのに対し、フェーズ2はすべきなのにできていなかったことが標準化とデジタルで可能になったからです。これもひとつのデジタル・トランスフォーメーション（DX）の取り組みと言えると思います。

業務の標準化を進めたら、エクセルの限界が見えてきた

藤森（アシモフ）：プロジェクトの開始時に工場に伺って私たちが一番の課題だと感じたのが、実は工場の在庫管理だったのです。ところが、フェーズ2のロボットを動かしていて、だんだんとエクセルの限界を感じるようになってきました。具体的には、ファイルが大きくなりすぎ

▌フェーズ1の後続業務をフェーズ2で自動化して全社ベースの在庫管理を実現

現在の業務の標準化・自動化

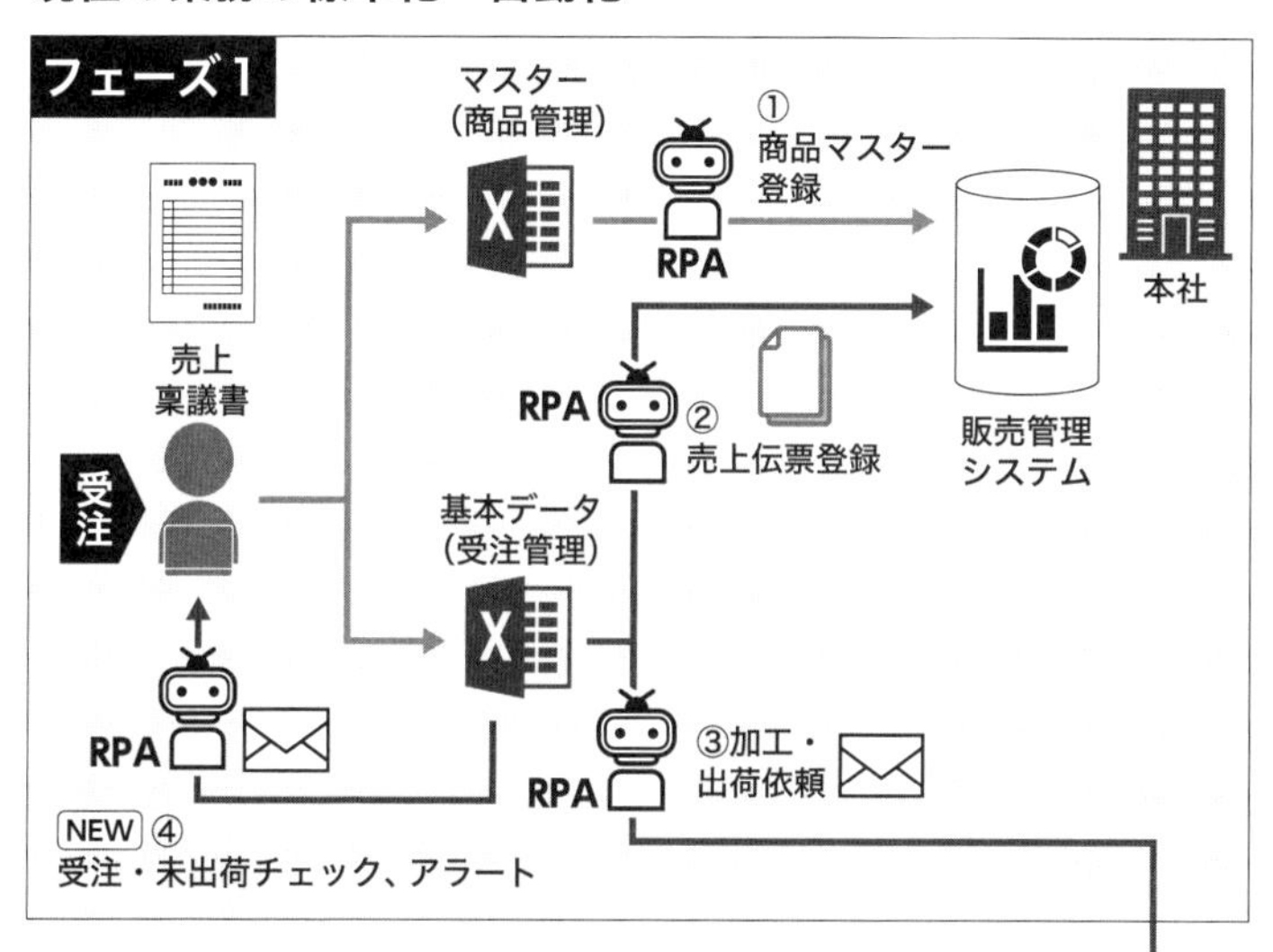

できていなかったことをテクノロジーで実現

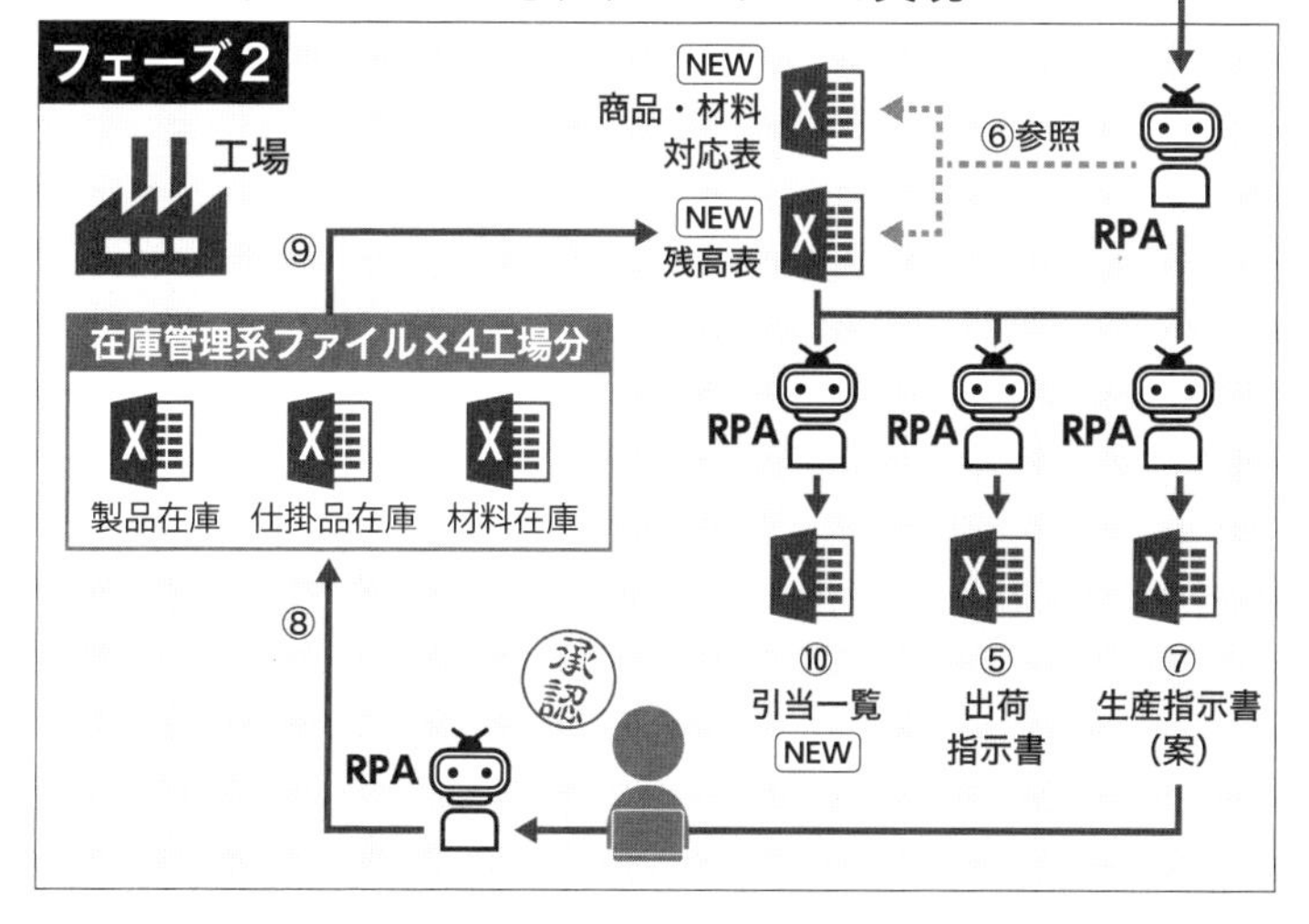

て開かない、壊れるリスクといった問題です。

また、次のフェーズではタイムリーな製造原価の計算のために、手書きの営業日報をロボットでエクセルに入力することを検討していました。しかしAI－OCRが従量課金制でリーズナブルではないため、方策を模索していました。

小薗：アシモフとの議論を通して、この課題を解決するためには、製造まで範囲に含めた基幹業務システムを導入する方がいいのではないかと考え、検討を始めました。このプロジェクトはそもそもが「基幹業務システムを入れた方がいいかもしれないが、どこから手をつけていいのかわからない」ということからスタートした話でもあります。

藤森（アシモフ）：基幹システムの入れ替えを前提とした検討に着手したいというお話をいただき、あらためて富山に伺って業務ヒアリングを実施し、基幹システム導入のポイントの洗い出しを行いました。その後も、ベンダー選定のご支援など、会社の成長段階に合わせた最適な自動化のご支援を継続しています。

小薗：基幹業務システムでは、4つの工場それぞれで単品ごとに受注・在庫・生産・出荷をつないでリアルタイムに把握できる仕組みを考えています。RPAを入れるための業務の見える化、標準化を通して、自分たちに本当に必要なシステムがわかり、要件の洗い出しができました。

当初は2024年4月ごろから詳細な要件定義を進め、1年ほどで稼働を考えていました。

しかし、２０２４年1月1日の能登半島地震の影響で、一部工場で大規模修繕が必要となったため、着手は1年ほど延期となる見込みです。

ＤＸによる効率化から顧客起点の価値創造へ

小薗：業務整理を進めてきて良かったことは、繰り返しになりますが、社員各自が業務改善に取り組む土壌が社内にできてきたことです。業務改善報奨制度の応募も増えてきており、自動化の取り組みがあったからこそ今があると感じています。

今後についてですが、私たちのような静脈産業では、加工や生産のプロセスの多くを人が担っており、ロボットやＡＩなどのテクノロジーを活用することで、従業員が働きやすい職場を実現していきたいと思っています。

また、生産工程にもＡＩを活用していきたいと考えております。現在、生産工程を効率化するＡＩモデルを大手メーカー様と開発中です。また、現状は商品として出荷するには性能が足りないリサイクル材に対して、新たな価値を付与するために、ＡＩによる素材の高付加価値化の取り組みも同時に進めています。実現すれば、ＤＸによる顧客起点の価値創出へとつながると考えています。

※本文中の役職、インタビュー内容は取材時（2024年1月）のものです。

たにあい糖尿病・在宅クリニック

時間外にロボットが働き、スタッフの出勤時には準備完了 自動化がITツールを使うための時間を患者様と向き合う時間に変える

秋田県由利本荘市のたにあい糖尿病・在宅クリニック（以下たにあいクリニック）は、2020年春に開業した在宅医療と糖尿病内科を中心とした地域密着型のクリニックです。開業と同時期に新型コロナウイルスの感染拡大が発生し、医療機関には大きな業務負荷が発生しました。この事態を乗り切るために「自動化」に取り組んだ、たにあいクリニック院長の谷合久憲先生と、パートナーとしてRPAの導入を支援した株式会社Local Power（以下Local Power）の棚谷健一氏にお話を伺いました。

たにあい糖尿病・在宅クリニック院長の谷合久憲先生

未曽有の事態を乗り切るために導入したシステムの連係に人手を要していた

谷合：当院は糖尿病を中心とした予約制の一般内科診療と、患者様のご自宅に訪問する在宅診療を提供しています。由利本荘市と隣のにかほ市の皆様の、かかりつけ医として診察だけでなく、普段の健康管理や介護・保険・福祉といったサービスのご相談に応じています。午前中は外来で、1日30人から40人の患者様が来られます。ほとんどは糖尿病の方で、そういった患者様には毎月定期的に診察と血液検査をします。午後は訪問診療にあてています。山の方にお住まいで、一人暮らしで運転ができないなど、移動手段がない方がいらっしゃいますので、そういう方は在宅診療で対応させていただきます。

開業した２０２０年春は、新型コロナウイルスの感染拡大が始まり、４月中旬には全国に緊急事態宣言が拡大されました。今までに経験のないような事態で、当院も開業時の想定をはるかに超える数の患者様が受診され、問い合わせ件数も急増しました。陽性患者が発生すれば、保健所にＦＡＸで送信するための発生届を作成します。5月からはHER-SYS（新型コロナウイルス感染者等情報把握・管理支援システム）への入力業務も追加されました。いきなり最初から業務負荷がＭＡＸの状態で、かつ自分たちが感染しては地域の医療が止まってしまうというプレッシャーの下、医師もスタッフも疲弊した状態が続いていました。

これに追い討ちをかけたのが、2021年春から始まったワクチン接種です。当院でも通常の診察予約に加えてワクチン接種予約を受け付け、多い日には100人以上の来院者がありました。これだけの数の来院者に対応するためには、電子カルテの準備と診察やワクチン接種を並行して実施するのは難しいので、診察開始時刻までに当日予約のあった人の電子カルテを準備しておくことにしていました。

準備作業というのは、一つ一つは単純な作業です。まず、その日の診察内容を入力するための白紙のカルテを作成します。外来診療の患者様の場合は持病で定期的な通院をされている方がほとんどですので、前回診察時のカルテを参照して診察内容と処方を転記します。ワクチン接種の患者様の場合は、予約システムを参照して接種券の情報や何回目のワクチン接種であるか、Web問診の結果などを転記し、前回接種時の情報や留意事項を記載していきます。

診察時には医師が準備された電子カルテを見ながら診察やワクチン接種を行い、その日の診察内容を書き込むので、カルテの準備はとても重要な作業です。やることは単純な転記作業なのですが、100件以上行うと、2時間以上かかります。しかも、間違いがあっては患者様の命を左右しかねない、大変気を使う作業なので、できれば時間に余裕を持って準備したい。ところが当時導入していた電子カルテシステムでは、仕様上カルテの作成日がそのまま診察日として登録されるため、カルテの準備は当日の朝するしかありませんでした。そのためにスタッフは毎日、診察開始の1時間以上前に出勤していたのです。

電子カルテやIVR（電話自動応答）システム、予約受付システムなど、できる限りデジタルで対応できるところはしていたのですが、それらのシステムの間の連係はできておらず、その結果転記作業が発生していた状況でした。この問題をリーズナブルなコストで解消するにはRPAを使った自動化が良いのではと考えました。一般社団法人メディカルRPA協会（医療業界のRPA活用を推進する団体）が発信している導入事例を見て、オープン株式会社（旧RPAテクノロジーズ株式会社：以下オープン）さんに相談したところ、地元のベンダーということでLocal Powerさんをご紹介いただきました。

棚谷（Local Power：以下LP）：弊社はもともと化学製品の製造・販売メーカーです。主な商材としてiPOSHという除菌消臭水を扱っており、医療、薬剤業界とは従来からお取引が多くありました。RPAはもともと自社の化学製品事業の効率化のため導入しており、そのノウハウを外部へも提供するためにRPA事業を立ち上げました。Local Powerという社名は、代表自身

Local Powerの棚谷健一氏

の「自社のノウハウを地域に提供することで地元企業を支援したい」という思いが込められており、たにあいクリニック様のご相談はまさにこの思いとマッチしていました。

お試しで開発した点検レセプト印刷ロボットで効果を実感

谷合：自動化したかった業務の本丸は毎朝の電子カルテ準備だったのですが、その前にお試しとして、点検用レセプト（診療報酬明細書）の印刷を自動化するロボットを開発しました。毎日の業務として、前日診察した患者様のレセプトを印刷して、内容を点検していたのですが、この印刷の部分だけを自動化してみました。

レセプトを電子カルテシステム上で開いて印刷するというシンプルな動作なのですが、自動化にはなかなか苦労しました。使用している電子カルテシステムがクラウド型電子カルテで、最新のＷｅｂ技術を使用しているので、画面が動的に変わるのがＲＰＡと相性が良くなかったのです。表示フィールドの大きさが入力されている文章の長さによって可変したり、同じカルテを医師と看護師が同時に見ていてどちらかがデータを更新するともう一方の画面にもリアルタイムで更新が反映されたりする機能などは、人間にとっては使い勝手が良いのですが、ロボットにとっては見えている景色が変わってしまい、迷子になってしまいます。２０２１年の

3月ごろから取り組み始めて、安定して動作するロボットの運用を開始できたのがゴールデンウイークの頃でした。

毎日数十人分のレセプトを電子カルテシステム上で開いて印刷するのには1時間ぐらいかかっていたのですが、ロボットを時間外に動かしておき、出勤時には印刷が完了しているようにしました。これでスタッフは朝の1時間を来院者の対応など、他の業務にあてることができるようになりました。

自動化の効果が実感できたので、電子カルテの準備作業の自動化にも取り組みました。2021年8月ごろには電子カルテを準備する2つのロボット（ワクチンカルテ入力ロボット、前回診察コピーロボット）が稼働し、時間外にカルテの準備作業が完了するようになりました。点検用レセプト印刷ロボットと合わせて3体のロボットで、毎朝のスタッフ業務に合計2時間かかっていた作業時間が、5分に短縮できました。

リモートアクセスや業務用SNSを活用してスムーズな連係を実現

谷合：今は、ロボットの開発はＬｏｃａｌ Ｐｏｗｅｒさんにお願いしていますが、一部のロボットについては、オープンさんにも入っていただきました。最初はご来院いただき、画面の動きも一つ一つ目で見て確認しながらロボットの仕様を固めていきました。その後、リモートでも開発が進められるように、クリニックのパソコンにリモートアクセスを設定して、電話やリモートミーティングでも仕様を固めながら開発が行えるようになりました。

棚谷（LP）：開発時のコミュニケーションでありがたかったのが、メディカルケアステーション（MCS）という医療関係者用のSNSに、弊社のアカウントを作っていただけたことです。スタッフの皆さんの連絡手段として日常使われているものなので、メールに比べるとレスポンスを早くいただけて、意思疎通がとてもスムーズでした。

自動化のための事前準備や業務変更はいとわない

谷合：その後もいくつかの業務を自動化して、現在は8体のロボットが動いています。

［たにあいクリニックで稼働しているロボット］

- **点検用レセプト印刷**
- **ワクチンカルテ入力**
- **前回診察コピー**

・**検査オーダー入力**
・**在宅療養計画書作成**
・**訪問看護指示書作成（3体）**

検査オーダー入力ロボットは、前回診察コピーロボットの続きの業務の自動化になります。当院の場合は定期的な診察の患者様がほとんどですので、次回来院時にどんな検査をするかもあらかじめわかっています。なので、診察時にカルテにあらかじめ「次回診察時の検査予定」を医師が入力しておくようにしました。検査予定を基に検査指示を作成し、検査担当の看護師のパソコンに指示データを送るロボットを開発して、電子カルテ準備ロボットと一緒に時間外に動かすようにしました。

今までは、診察予約を見て、検査が必要な患者様のリストを前日に看護師が作成し、医師がそれを見て検査の指示を出して検査担当の看護師がパソコンに入力していました。ロボットを導入したことで、検査担当の看護師も前日にリストを作る必要がなくなり、かつ、出勤時にはその日の検査の予定が自分のパソコンに入力されている状態ができました。

棚谷（LP）：看護師の方の業務は楽になりましたが、先生は毎回診察時に「次回の検査予定を入力しておく」という作業が増えています。それでも、今のままではロボットが動きにくい、というところがあれば、先生に業務の手順を見直していただけたのが、開発を進める上で大きな助けになりました。

私たちは外部の人間なので、クリニックの業務自体は把握できていません。言われた通りに業務をロボットになぞらせて壁にぶつかった時に、先生が「業務をこう変えればロボットが動きやすくなる」と判断してくださいました。ロボットが正確に動くための事前準備や業務変更はいとわないという考え方を先生がしっかり守ってくださったことが、たにあいクリニック様の自動化が成功した大きな要因だと思います。

谷合：在宅療養計画書作成と訪問看護指示書作成は、訪問看護、在宅療養の患者様に対して主治医が作成する指示書を毎月作成する業務です。計画書や指示書は、エクセルのひな型に私が記入して、電子カルテシステムに保存します。翌月の指示書は前月分の指示書をダウンロードして変更点を書き換え、再度電子カルテシステムにアップロードします。訪問看護指示書は、月末に印刷して、訪問看護ステーションに送ります。

この業務も単純なのですが、患者様の数が増えると手間のかかる作業なのでロボットに任せようということで、手順を考えました。まず、毎月20日までに、電子カルテシステムからエクセルの指示書をロボットがダウンロードして、日付を翌月分に書き換え、電子カルテシステムに保存すると同時に印刷します。これを私が月末の3日前までに確認し、前月と比べて変更が必要な部分があれば修正したファイルをアップロードします。月末にロボットが最新のファイルを印刷して、訪問看護ステーションに送ります。印刷のタイミングを最初は私が確認した後にしていたのですが、実際は印刷したものをチェックする方が、手間がかからないことがわかって、ロボットのスケジュールを調整していただきました。

これらのロボットによる自動化で、スタッフの作業時間は合計で年間816時間減らせました。1カ月あたりにすると60時間以上の短縮ですが、それ以上に、スタッフからは「早朝出勤がなくなった」「出勤時には準備が終わっていて、安心感と心の余裕がもてる」「転記のミスをしてはいけないという精神的なプレッシャーから解放された」という点が喜ばれています。

RPAでITツールをつないで多数の業務を効率化する

谷合：現在、電子カルテシステムの入れ替えを計画中で、今の電子カルテシステムに対応したロボットの開発は一段落しています。入れ替えが完了したらあらためてロボットを見直し、新しい電子カルテシステムに合わせた調整や、新たに自動化できる業務がないかを考えていくことになります。

他に導入しているITツールとしては、在宅の患者様の血糖値管理に、リブレとSMBGというアプリがあります。リブレは血糖値を常時測定できるセンサーで、自宅でインスリン注射を行っている患者様の血糖値を24時間モニターしています。定期的な来院までの間でも、血糖値が高くなれば私のスマートフォンに通知が来るので、確認して注射の単位の変更指示を出しています。ＳＭＢＧは血糖値や食事の記録ができるアプリで、撮影した食事の写真を見て食事指導をしています。

棚谷（ＬＰ）：ＲＰＡに限らず、ＩＴツールを活用した院内業務効率化について、谷合先生は非常に先進的なお考えをお持ちです。血糖値予測サービスとの連係も、ＩＴツールを増やして間をＲＰＡでつなぐことで、効率化と診療の高度化を考えておられます。１つの業務を１つのツールで効率化するのではなく、いくつも組み合わせて多数のツールで多数の業務を効率化する、高いレベルの効率化を常にお考えで、私たちもいつも勉強させていただいています。

谷合：最近は栄養指導の報告書作成に生成ＡＩを活用しています。とはいえ、やみくもに新しいものを入れていけばいいとは考えていません。生成ＡＩであれば、患者様の個人情報が守れることが大切ですし、開発者が適切に情報公開を行い、ガイドラインを守っているものを選定する必要があるでしょう。特に自動化への活用は、医療業務はミスが許されないこと、最終的な判断は医師がしなくてはいけないことを考えると、時期尚早かもしれないと考えています。逆に、ＲＰＡはそれ自体が判断をすることはないので、医療業務の自動化という観点では安心して利用できます。

棚谷（ＬＰ）：たにあいクリニック様の事例を見た別のクリニック様からもお問い合わせをいただきました。電子カルテの作成やレセプトの発行、訪問看護指示書の作成など、手間のかかる業務は自動化することで、医師や看護師の皆さんが患者様と向き合う時間を長くして、質の高い医療を提供していきたいというニーズは多いと感じています。

谷合：レセプトの出力や検査オーダーの出力などを自動化したことで、スタッフはその分患者様と向き合う業務に余裕を持ってあたることができるようになりました。小規模なクリニックでは、スタッフが一人何役もの業務をこなして疲弊してしまうことも多いと思いますが、業務をよく知るスタッフが長く働きやすい環境を作るために、仕事のやり方を見直しながら自動化を進めていくのは一つの方法だと思います。

医療ＤＸの観点から複数のＩＣＴを組み合わせることで単純作業を削減し、患者様対応等に注力することで患者様の満足度や収益が向上しました。また、時間に余裕ができたことで、スタッフは、賞与や有休以外に９日間のサバティカル休暇を取得できるようになりました。

今後のＲＰＡの展開としては、血液検査データから透析導入予測日を算出できるロボットの作成を計画しています。ＲＰＡを含めたＩＣＴを駆使することで、患者様がいつまでも元気でいられるような全人的な医療を行えるよう皆で頑張っていきたいと思います。

※本文中の役職、インタビュー内容は取材時（2023年9月）のものです。

1カ月の実践型研修でRPA人材を育成 業務改善の伴走者が欲しい企業とキャリアアップして働き続けたいスタッフをマッチング

パーソルテンプスタッフ株式会社

国内最大手の人材派遣事業者であるパーソルテンプスタッフでは、専門的なトレーニングを受けたRPA人材を企業に派遣する「RPAアソシエイツ」というサービスを展開しています。トレーニング受講費用は自費で、しかもその期間は就業できないため収入がなくなるにもかかわらず、開始から6年間で延べ約1000名が受講しており希望者が絶えません。企業の中でRPAアソシエイツというプロ人材はどう活躍しているのか、またRPAアソシエイツとなったことで派遣スタッフのキャリアや働き方はどう変わったのか、RPAアソシエイツ事業を展開するパーソルテンプスタッ

パーソルテンプスタッフの小野田聖子氏

フの小野田聖子氏、派遣スタッフへのRPAトレーニングの実施および技術支援を行っているパーソルワークスイッチコンサルティングの小野隆正氏に伺いました。

「業務改善ができる人材」は、エンジニアでもありオペレーターでもある

小野田：RPAアソシエイツサービスは、2018年にRPAを使える事務スタッフの派遣サービスとしてスタートしました。国内企業でRPAの導入が始まったのが2017年ごろだったかと思いますが、RPAツールのスキルを持った人材が不足していることから、「対応できる人材を派遣して欲しい」というお客様のニーズがありました。一方で、派遣スタッフ側には、事務の仕事は将来なくなっていくのではないかという、自分のキャリアに対する不安がありました。そこで、業務をよくわかっているスタッフがRPAも使えれば企業にとってはプラスになるし、派遣スタッフにとってはこれまでの事務スキルを活かしながら新しいスキルが身について待遇も上がるというお互いにWin-Winな関係がつくれるということで、研修プログラムを開発しました。RPAアソシエイツとして働きたいスタッフはトレーニングを受けてリスキリングを実施し、お客様に派遣するとともに、就業中の派遣スタッフへの技術支援を提供しています。

２０１８年にサービスを開始した当初は「ＲＰＡツールを使える人材」を打ち出していましたが、お客様が必要としているのはツールを使えることではなくその企業において生産性を上げる業務改善ですので、２０２１年からは「業務改善でお客様に貢献できる」というコンセプトにシフトしました。コロナ禍によるリモートワークの増加やＤＸ推進の機運が高まり、今はもう1段階進んで「業務改善をする人として企業に寄り添う」というところまでコンセプトを広げています。

これまでに約１０００名が研修を受けており、新しいキャリアのためのスキルを身につけています。この研修は有料なので、自分でお金を払って受講するという、非常に意欲の高い人材が集まっています。事務派遣の仕事はお客様の要望や指示に正しく対応できることが成果だったのですが、ＲＰＡを武器にして今までやりたかった業務改善、効率化、疲弊する単純作業を変えていける、それによって職場の方に喜んでもらえる、自分が行ってきた仕事を可視化して提供できるという点で、ご本人にとってもお仕事のやりがい、働きがいに影響を与えていると思います。

小野：２０１８年ごろは、まず長時間労働の改善をしたいというお客様からのご相談が多くありました。あとはデジタルファースト宣言とか、ＤＸ推進という課題とセットになるのが業務の効率化、自動化で、これを進めるためにＲＰＡを活用したいという声も多くありました。

一方で、実際に現場で業務を担っている方から見ると、ＲＰＡでどういう業務を改善すればいいのかが、管理職もコンサルティング会社もわからないという状況がありました。実際の業務を知っているのはＩＴ部門でも管理職でもなく、現場の社員や派遣スタッフなので、そこから改善を進められるのではないかという思いを感じていらっしゃいました。

また、先行して２０１７年ごろからＲＰＡを導入した企業では、保守費がかかることが課題となっていました。そのようなお客様からは、導入後のメンテナンスや作り直しをＳＩｅｒやコンサルティング会社に依頼するのは高すぎるので、自社の開発者か、あるいは事務職をやりながらメンテナンスできる人材が欲しいというニーズがありました。

最近は、お客様のＲＰＡについての理解が深まったことで、どのように扱えばいいか、どのように向き合えばいいかという活用の仕方が変わってきています。２０１８年当時はＲＰＡもシステム導入と同様のプロセスで、全社共通業務の自動化をがっちりと作り込む

パーソルワークスイッチコンサルティングの小野隆正氏

ようなものが多かったのですが、徐々に各部署内で労働集約的に行ってきた業務を自分たちの手で自動化するように対象が変わってきました。これに伴い、ロボットの開発も部署内で開発して活用する方が効率的だと考えるお客様が増えており、派遣スタッフの方にロボットの開発やメンテナンスをお願いしたいという要望をいただくことが増えています。

小野田：ＲＰＡの対象業務が徐々に変わってきている一方で、２０１８年でも現在でも変わらないのは、実際の業務をわかっていて、かつそれを変えられる人がいないということです。デジタル人材育成といっても、日常業務に忙殺されていて、そこにアドオンして既存の業務を変えるスキルがある人材を育てることが難しい中で、オペレーションを担当していた派遣スタッフがＲＰＡを使えるとその部分を担えます。エンジニアとオペレーターの中間のような位置付けで、お客様からは、「部署に寄り添い、情報システム部門に依頼してもなかなか対応してもらえないような小型、中型のロボット開発を進めてほしい」というお声をいただいています。

柔軟な働き方で長く働けるキャリアを身につけたい

小野田：ＲＰＡアソシエイツ研修は毎月開催されており、延べ開催回数は70回を超えました。自費で、しかも1カ月間は仕事をやめて研修に専念する必要があるという、受講するにはそれなりにハードルが高い研修ですが、学ぶ側の意欲が高く、参加者が途切れることはありません。また、この研修は経済産業省の「リスキリングを通じたキャリアアップ支援事業」の補助対象講座でもありますので、その制度を利用して受講される方もいます。

５年前に研修を開始した時には、派遣スタッフの中でも危機意識が強い、あるいは好奇心が強い、感度の高い方がイノベーターとして参加されていたのですが、ＲＰＡが職場で普通に使われるようになったこと、使っている知人がいるなど身近になったことで、裾野が広がっています。

エントリーされるのは、40代から50代の方が多くなっています。年齢が上がって自分のライフステージが変わる中で危機感を感じ、「企業で必要とされるスキルは何だろう」と真剣に考えた結果、ＲＰＡアソシエイツという働き方にたどり着かれています。

志望動機としては、仕事で使いたい、あるいは使ったことがあるのでもっと学びたいという他に、在宅勤務やリモートワークなどより柔軟な働き方を求めている方が多いようです。これは私たちとしてもウエルカムで、スキルとして希少性がありますので、子育てや介護などの事情がある方も働き方を選びやすいですし、地方にお住まいの方にも、賃金格差のないお仕事を提供できます。実際にＲＰＡアソシエイツのスタッフで、岐阜に住んでリモートワークで東京の企業でお仕事されている方もいます。

ヘルプデスク機能でスタッフが安心して働けるようにサポート

小野田：ＲＰＡアソシエイツの特徴は、さまざまな企業での業務経験があり、かつ、ＲＰＡに関する一定水準の技術レベルのスキルを持つことです。お客様からは専門家として業務の改善や自動化を推進することを期待されています。なので、技術的に行き詰まった時にアソシエイツを助けるヘルプデスク機能をサービス開始当初から提供していました。

ＲＰＡアソシエイツのスタッフは、もともとエンジニアではないですから、個人のスキルとは無関係なお客様の環境、例えばシステム環境とかネットワークの問題のようなものは、寄り添って解決してあげる機能がこちら側にないと、このサービスは成立しないと考えました。派遣スタッフのメンタルやマインド面のフォローはこれまでずっとやってきましたし、得意分野なのですが、技術支援というのはほぼ初めてです。試行錯誤しながらの立ち上げとなりましたが、結果としては、ＲＰＡアソシエイツとして働く方からもお客様からもヘルプデスクがあって安心できると評価していただいています。

また、ヘルプデスクとは別に、ＲＰＡアソシエイツ間のつながりを意識的につくりました。基本的には皆さん、一人で現場に入って、前任がいないポジションで前例のない仕事をされるのですから、とても孤独です。つらいと感じた時に、「1カ月の厳しい研修をくぐり抜けてきた仲間が、それぞれの現場で新しい仕事を頑張っている。だから私ももう少し頑張ろう」と思えるように、アソシエイツ向けの勉強会や交流会、情報発信の仕組みを整備しました。派遣スタッフが多様化している中でどのように個人に寄り添うかは、派遣社員のマネジメントの大きな課題の一つです。そのために、会社として我々が支援するだけでなく、横のつながりをつくっていきました。

自分の仕事が可視化されて評価され、感謝される

小野田：研修プログラムは、コロナ禍以後はオンラインになりましたが、1カ月間毎日、課題をやって、提出して、レビューを受けて、ひたすらＲＰＡに取り組む厳しいものです。大人になってからの新しい学びは本当に大変です。そのため、私たちは初日に熱を入れてオリエンテーションをやり、途中でキャリア面談を挟み、受講生同士がコミュニケーションできるような時間を必ず組み込むようにしています。かなり難度の高い120時間の研修を1カ月かけて学び、修了した時の達成感は大きいものです。やり切った感動で泣いてしまう受講生の方もいます。

1カ月間、自分のお金と時間を投資して学びます。そこで終わるのではなく、ＲＰＡアソシ

エイツとして働くことで、実際の企業の現場を変えることに貢献できるというのが、ご本人にとっては大きなやりがいになっています。RPAアソシエイツがいることで、お客様の社員の方も変わっていきます。お客様からは「作業が減ってよかった」「毎月のつらかった仕事がなくなってうれしい、ありがとう」「魔法みたいですごいね」と感謝の言葉をいただき、多くのRPAアソシエイツが喜びを感じています。通常の事務派遣では自分の仕事が可視化されて評価されることはなかなか難しいので、これもRPAアソシエイツならではの働きがいの一つだと思います。

RPAアソシエイツとして働いている現場でスキルを評価され、正社員として転職される方もいます。一方で、誰にとっても正社員登用がゴールというわけではなく、自分のスキルアップやキャリアアップに合わせて自分で働く場を選べるからと、あえて派遣スタッフの働き方を選ぶという方もいます。派遣といえばこれまでは不安定な働き方と見られがちでしたが、RPAアソシエイツ研修を受けてスキルを身につけ、経験を積み、自分で職場を選べるようになったことで「派遣スタッフは専門性が高いスキルを活かせる新しい働き方である」とマインドが変わったのだと思います。また別の働き方として、私たちとRPAアソシエイツのスタッフとで無期雇用契約を締結するという選択もあります。スタッフにとっては、雇用が担保された上で職場を選べる選択肢を残しておく形です。

カジュアルなトレーニングでＲＰＡの裾野を広げたい

小野田：今後についてですが、ＲＰＡアソシエイツをどんどん増やして1万人規模にするかというとちょっとそれは違うかなと思っています。スペシャリストとして働くスタッフ以外に、弊社には通常の事務派遣として働くスタッフの皆さんがいます。私たちとしては、誰もが皆スペシャリストになる必要はなくて、さまざまなポジションの枠を広げていくことでお客様に貢献していきたいという思いがあります。例えば、ＲＰＡアソシエイツと事務派遣スタッフ複数をチームにして派遣し、ＲＰＡアソシエイツが働きながらスキルを教えたり、マネジメントする役割を担うようなことが考えられます。

小野：現在の研修は1カ月間就業しないで学習に専念する必要があります。そのため、スタッフは業務をしながらではなく、派遣登録した状態で研修を受けて、その後就業するという流れでした。

しかし実際には、就業している事務派遣スタッフが研修を受けて、現在の業務を改善してほしい、というお客様のニーズがあり、大きなテーマとなっていました。最近では、稼働中の派遣スタッフに、よりカジュアルでクイックな研修を提供して、現在の就業先の業務改善に役立ててもらえるようになりました。

ツールや技術が進化しても、期待されるのは「業務を捉えて自動化を設計する力」

小野：最近感じているのが、生成ＡＩのような新しい技術が、業務改善の幅を広げていくのではないかということです。今までのＲＰＡは、今あるデータを右から左に受け渡すことや加工することが得意分野でした。生成ＡＩのような、データを新たに生み出すツールを取り入れていくことで、自動化できる業務の範囲が広がりそうに思います。実際にＲＰＡアソシエイツを含む派遣スタッフがどの程度データを生み出す仕事をしているのかは把握できていませんし、生成ＡＩのどんな研修をやればいいかというところまではまだ聞いていないのですが、プロンプトエンジニアリングをもう少しカジュアルに教えられるようになれば、新しいチャンスになるのではないでしょうか。

お客様のニーズ自体は生成ＡＩや新しい技術が出てきても基本的には変わらなくて「自動化でもっと生産性を上げたい」ということだと思います。自動化の対象となる業務も、ほぼ一巡したと言われることもありますが、現場の感覚では大企業も中小企業もまだまだ、たくさんあると思います。

ツールや技術は日進月歩で変わっていても、ベースになるのは業務を捉えてどこをロボットに置き換えるのかを把握する力であり、それが派遣スタッフに期待されることなのでしょう。

変化があるとすれば、今後は既存業務の改善だけではなく、今までできなかったことを自動化してやれる業務を増やしてほしい、ということはあるかもしれません。

ＲＰＡアソシエイツでＤＸ推進の体制づくりの選択肢を広げる

小野：個人的に大きく変わったな、と思うことがあります。２０１８年のサービス開始時には「派遣スタッフの方にロボットの開発をお願いできるのでしょうか」というお客様の声がまだ多かったのですが、現在は実績を積んで、実際に現場で活躍している方をご紹介できるようになり、就業先の方からも「こんな方がいたんですね」という声をいただくことが増えました。ＤＸを推進するための体制づくりにはさまざまな方法があって、ＲＰＡアソシエイツの活用も選択肢の一つであるとお客様には認知していただけているのかなと思います。

小野田：日本企業は業務の属人化が進んでいて、マニュアルや手順書がないことが一般的です。なので、業務の標準化はまだまだやることがたくさんあります。ＤＸや業務改革のために専門部署をつくる取り組みをされている企業であっても、現場の担当者から話を聞いて標準化に落とし込む仕事は必要ですし、そこにＲＰＡアソシエイツの活躍の場がまだまだあると感じています。ＲＰＡアソシエイツ側から見ると、「それ、まだ手作業でやっているんですか」と言いたくなるようなことがたくさんあって、疲弊しているお客様を助けてあげたいと感じることが多いようです。

小野：ＲＰＡアソシエイツの皆さんは、派遣という働き方で、就業先において業務改革のプロという役割を本気で担ってくれるスタッフです。当初はイノベーティブな方が多かったのですが、どんどん裾野が広がってきています。こういう働き方が広まって、いま、派遣という働き方を選択している方々のロールモデルになっていくと、少子高齢化社会の課題である女性活躍推進やシニアの活躍へとつながり、社会が良くなっていくのではないかと思います。

小野田：半年ぐらい前にＲＰＡアソシエイツ20名を対象にインタビューを実施しました。今あなたがどんなことをやって、どういう価値をお客様に提供していて、といったテーマで、1時間ずつお話を聞いて、最後の質問で「あなたにとってＲＰＡアソシエイツはどんな存在ですか」と聞いたのですが、「人生が変わった」「初めて仕事が面白いと思った」ということを言っていただけました。今回、あらためて3名のＲＰＡアソシエイツの方からお話を伺いましたので、ＲＰＡアソシエイツの働き方、やりがい、思いを皆さんにお伝えできればと思っています。

■ＲＰＡアソシエイツ座談会

事務派遣スタッフからＲＰＡアソシエイツになると、働き方はどのように変わるのでしょうか。就業中のRPAアソシエイツの方に、働き方や収入、就業先からの期待の変化などについて、お話を聞きました。（進行：パーソルテンプスタッフ　小野田聖子氏）

■ご参加いただいたRPAアソシエイツの皆さん

鈴木晴菜さん（RPAアソシエイツ経験 約2年）
年齢：30代
家族構成：夫、息子（4歳）

田中朗恵さん（RPAアソシエイツ経験 約1年）
年齢：50代
家族構成：夫、子供2名（成人）

田畑由有子さん（RPAアソシエイツ経験 約3年）
年齢：40代
家族構成：夫、子供2名（高校生、大学生）

小野田：皆さん、お久しぶりです。今日はお忙しい中、お集まりいただいてありがとうございます。まず、ＲＰＡアソシエイツに応募したきっかけからそれぞれ伺います。

田畑：私が研修を受けたのは２０２１年７月ですが、その直前の派遣先が財団法人でした。中期経営計画１年目のサポートで業務改善のフォローをしていたのですが、その時に、皆さんを働きやすくすることが大切だと感じました。１年契約が終わる時に次はそんな仕事をしたいなと思っていたところ、業務改善やツールを学べるＲＰＡアソシエイツという研修を知り、タイミングもよく楽しそうだと感じたので応募しました。

田中：専業主婦で子育てしてきたのが一段落して10年ほど前から働き始めたのですが、事務職の仕事の中で無駄が多い作業をエクセルの関数やマクロを使って自動化していくのが楽しいなあと思っていました。テンプスタッフに登録したのが2年前で、最初の派遣先がメーカーの研究所で、そこでは大量の実験データを整理するお仕事を依頼されました。マクロや関数でデータを整理しているととても喜ばれまして、お客様から「お金を出すからR（統計ソフト）の使い方を勉強して、もっと高度なデータ処理もお願いしたい」と言っていただいたんです。

以前からテンプスタッフのホームページでＲＰＡアソシエイツの説明を見ていまして、「マクロと同じように自分でロボットを組み立てて狙った業務を自動でやらせるのは絶対に面白いやつだ」と思い、受講の機会を狙っていました。せっかくRを勉強させてもらっても、自分は統計のことがわからないので言われたことを言われた通りにやるだけになってしまいます。ＲＰＡなら全体の業務を見てどこをどうするか自分で考えられてやりがいがあると思い、受講を申し込みました。

鈴木：前職は正社員だったのですが、業績悪化で早期退職の募集が始まりました。その時私は子供が生まれて育休明けの時短勤務で働いていました。このまま会社に残っても今のような働き方は無理だと思い、退職を決めました。次の職場を探したのですが、正社員で最初から時短勤務ができるような職場は見つからず、困っていました。時短じゃなくても在宅で働けるようなスキルを身につけたいと思っていたところ、前職を一緒に辞めた友人がＲＰＡアソシエイツを紹介してくれたのです。ＲＰＡは前職で少し触ったことがあり面白いと思った記憶があったので応募してみました。

小野田：そして皆さん、１カ月の研修を受けられたわけですが、苦労したことはありますか？

田中：それがもう、全然なくて（笑）。私が優秀だったから、というわけじゃなくて本当に楽しかったんです。マクロを作るために分岐、変数、インクリメントなどの基本的な論理を理解していたので、そこで苦労することがなかったというのはあるかもしれません。ＲＰＡツールやＨＴＭＬなど新しいこともたくさん勉強したけど、「これをやればあれができる」というのが楽しくて、それを仕事にできたのは幸せでした。

小野田：田中さんはずっと楽しそうでしたよね、いつも満面の笑みで。プログラミングの経験はあったのでしょうか？

田中：大学で授業はありましたけど、それだけをやっていたわけではありません。ハードルはそんなに高くは感じませんでしたが、プログラミングスキルがあったかどうかといえば、ありませんでした。

田畑：私もすごく楽しかったです。一番いい例えだなと思うのは、出産かな。産む時は大変だけど生まれた瞬間に苦労も痛みも全部忘れるじゃないですか。あれと同じで、ロボットも作っている時はなんでできないんだろう、動かないんだろうって思うけど、動いた瞬間「やった、できたー！」と思って今までの苦労は全部どこかに行ってしまう。やればやるほど楽しくて、会社でも変態扱いされています。

派遣スタッフあるあるだと思うんですが、早く帰るために業務設計して無駄をなくそうとするじゃないですか。私、そういうのが大好きで、フロー図を書いて業務設計するのが楽しいんです。そういう考え方がＲＰＡに向いていたのかなとも思います。今も仕事が楽しいです。

鈴木：基本は楽しいんですけど、スキルを身につけるためにはまだまだ自分の力不足なところが多くて、奥が深いです。ＨＴＭＬやマクロももっともっと学べばできることが増えるのに、と思いながらも、やることが多くて追いつかないです。でも、苦労して大変というよりは、楽しいから学んでいるという感じです。

小野田：ＲＰＡアソシエイツの皆さん、楽しいって言われますよね。お金と時間をかけて踏み出した人たちなので、新しいことを学ぶのが楽しいというポジティブな方が多いんです。ＲＰＡアソシエイツになったことで、働き方は変わりましたか？

田畑：現在は50％出社、50％在宅で働いています。一般事務や営業事務のお仕事は、締め日や年度末に振り回されて自分のペースで仕事ができなくなります。そういうのが好きじゃなくて、ＲＰＡアソシエイツになって自分のペースでタスク管理をできるようになったのがうれしいと思っています。タスクから逆算していつまでにこれをやる、という考え方が身につきました。

収入は増えました。子供も大きくなってよく食べるので助かったと思っています。先日、新聞で「派遣社員の給料は高い」という記事を見たのですが、単純に平均すると私たちのような専門性のある職種があるから価格が上がっているのだと思います。平均よりも多くいただけるのはありがたいし、それに見合う仕事をしていきたいです。

鈴木：正社員時代は時短勤務でしたが、今はフルタイムで週1出社、週4在宅で働いています。以前は子供が熱を出したら病児保育に預けて打ち合わせに行ったりと大変でしたが、ＲＰＡアソシエイツの仕事はお客様の部内の開発業務なので休みは取りやすいし、そもそも在宅勤務で子供を見ながら働けるので、子育てとの両立は圧倒的に楽です。収入も、正社員でフルタイムで働いていた時ほどではないですが、時短勤務よりは増えました。

田中：在宅で働くのは週1、2回です。ヒアリングやミーティングは対面でやりたいので、そういう時はなるべく出社しています。フルタイムで働くのは新卒以来ですが「たくさん作りたい、やるぞ」ってやる気に満ちています。以前は「フルタイムで働くのは大変だし自分の時間も欲しい」と仕事を選んでいたので、心持ちが全然違います。収入もフルタイムになって増えていますし、時給も上がりました。

小野田：時給が数百円変われば、年収は数十万円変わってきます。最初の研修への投資はすぐに回収できます。頑張った分は還元しますから、ご自身のスキルを待遇にしてくださいね。では、RPAアソシエイツとして実際働いてみてどうですか？　楽しいこと、つらいことなど聞かせてください。

鈴木：皆さん楽しいことを話されると思うのであえて苦労したことからお話しします。私が現在就業しているお客様では、RPA開発者が社内にはいらっしゃるのですが私が働いている部署では私一人です。すると、わからないことがあっても近くに聞く人がいないし、お手本がない状態で作るのがつらいのです。部署の方もRPAってどんなものかはわかっているけれど、RPAで開発するために実際に何をやるのか、何が大変なのか、どこで苦労しているのかということはあまりわかっていただけていないので、理解していただけるように説明するのが難しくて、ちょっと孤独感がありますね。あとは、大きな会社でデータがあちらこちらの部署に散在していてＲＰＡで使える奇麗な状態のデータがないので、そもそも目的のアウトプットを得るためにどのデータを使えばいいのかを知るのが大変でした。誰が知っているかもわからないので、手当たり次第にいろいろな人に聞いて知っている人に近づいていくとか、そういう苦労もありますね。

田中：苦労したといえば、社内システムが3種類あって、就業当初はＲＰＡで何を使って制御するのか、慣れるまでは誰にも聞けなくて試行錯誤したことでしょうか。幸い、すぐに就業先が受け入れ体制を整えてくださいました。「これからＲＰＡやるよキャンペーン」として、一人30分ずつ面談する機会を作ってくださり、その時に面倒だと思っている作業や効率化したい業務を聞かせていただいたら50件のリストができまして、そこに書かれたことから手をつけたので、皆さんとても協力的でした。ヒアリングにもご協力いただきましたし、しつこい質問にも嫌な顔一つせず答えてくださいました。

鈴木さんもおっしゃっていた「孤独感」は、私も感じていましたが、就業して数カ月後に、社内でＲＰＡやマクロが好きな人の「Teamsチャットに誘ってもらえました。そこでは皆同志という感じで活発に質問して助け合えたのがよかったです。

小野田：田中さんの就業先の方からは「社内にＲＰＡマスターのような方はいますが、業務とＲＰＡ両方の視点がある田中さんのような人を待ち望んでいた」、というお言葉をいただいています。田中さんの活躍のおかげで、他の部署でも「うちも田中さんのような方が欲しい」と手を挙げられて、今は４名のＲＰＡアソシエイツの方が就業しています。

鈴木さんも田中さんも、社員の方と上手にコミュニケーションを取って要望を聞き出し、業務改善を進めてこられています。これまでの事務職で培った調整力や人柄力を前提として、ツールを武器にしているのが強みですよね。

田畑：私の就業先も社内にはＲＰＡ開発者がたくさんいて、事例共有会も行われています。でも、私の部署には誰もいらっしゃらなくて、私が初めてのＲＰＡ開発者です。なので、部署内では正直「ＲＰＡって必要なのかな」という空気感があったり、業務の標準化もまだできていない状況でした。皆さん、業務改善は必要でも対象となる業務が大きすぎてどこから手をつけていいかわからなくて悩んでいらっしゃいます。そこで、「標準化って大事なんですよ」ということをお伝えしたり、業務の洗い出し方をお伝えしたり、皆さんが話し合いやすい雰囲気をつくって困りごとを聞き出すのが、楽しいですが一番大変です。

悲しいなと思うのが、せっかく困っていると伝えてくれたのに、調整がうまくいかなくてどうしてもペンディングになってしまう案件があることです。改善するための折衝や、上司を巻き込んで標準化を進めるといった調整をもっと上手にできるようになりたいと思います。社員の方々は本当に我慢強くて、話を聞いていると「今までこんなつらいことをずっとしてきたんですか？」と言いたくなることも多いです。「そんなに苦労しなくても、標準化すればもっと楽になれるんだ」ってお話をさせていただきます。業務改善は定量的な効果よりも定性的な効果が重要だと思っていて、皆さん楽になると顔が本当に明るくなるんです。「ありがとう」と言ってくれて、他の人にも「こうしたらいいよ」って言ってくれる。そうして皆で苦労を乗り越えて少しずつ部署内が明るくなっていくのが楽しいです。

小野田：業務設計大好きな田畑さんの力が発揮されていて、苦しさと同時に楽しさが伝わってきます。以前、皆さんからは「他の派遣スタッフの方にもRPAアソシエイツという働き方を勧めたい」とおっしゃっていただいたのですが、その理由を教えてください。

田畑：RPAアソシエイツの研修はものすごく密度が高くて、楽しいんだけどつらいんですよ。それを一緒に経験した仲間がいることで、派遣なのに同期ができたというのが大きな財産です。研修から3年たって、RPAアソシエイツで就業している人も他の仕事をしている人もいるけど、いまだに会うしLINEグループも動いています。雑談もするけど、技術的な困りごとの相談もできて、皆が意見や知恵を出し合える。派遣スタッフは法律で同じ就業先には最大3年までしかいられないと決まっています。会社の人と仲良くなることはできるけれどもずっと同じ方を向いていられる友達はなかなかつくれません。同じ業種で仕事の相談ができる友達をつくれる点は、おすすめです。

田中：RPAが好きになれそうなら、という条件付きでお勧めします。自分の得意なことや興味のあることは何があっても苦労と思わず楽しめますよね。

最初にRPAアソシエイツとして就業した時に思ったのが「これは自分の知識や技術を提供する仕事なんだ」ということです。事務派遣の場合、初日は引き継ぎでその職場のやり方を前任者に教えていただくところから始まるじゃないですか。でも、RPAアソシエイツは、初日から逆に質問される。職場に自分を合わせるのではなく、自律的に働けるのが気楽でいいです。

ずっと事務職でやってきて、経理のエキスパートの資格があればそのままやっていけたかもしれません。私にはそういうものがなかったので、50歳になった時「この先どうしよう」という不安があったのです。でもRPAアソシエイツになって、この先も仕事ができるという大きな安心感が得られました。小野田さんには感謝しています。

鈴木：向き不向きはあると思いますが、やってみて好きだな、と思った人は絶対やったほうがいいです。苦労してつまずくことも多いけれど、自分で解決できて最終的にロボットが動いた時の「うぉー！」っていう達成感がものすごく大きくて、快感で、やみつきになります。

自分自身のことを振り返ると、大学にも行っていないし勉強も苦手で、今までは営業職をメインでやってきました。いざ、自分の強みってなんだろうって考えると、営業の強みってコミュニケーション能力で、「この先働き続けるために、これだけでいいのかな？」って考えてしまったんです。子育てとの両立を考えると、お客様の都合を優先しないといけない営業職よりは家でできる仕事をしたい。そんな時にＲＰＡアソシエイツと出会って、ＲＰＡのスキルを身につけることができました。誰にでもできる仕事ではないと思うし、それをできるようになったことで自分に自信がつきました。なので、他の方にもお勧めしたいと思います。

小野田：ＲＰＡアソシエイツの方が就業されるのは、前任者がいないポジションです。それぞれのお客様の職場のフロンティアで業務改革をリードするミッションを任され、期待値もとても高い。もちろん単価も高いのです。今日集まっていただいたお三方は、与えられたフロンティアでそれぞれ期待値を上回る成果を出されています。ＲＰＡアソシエイツのような専門スキルを持った派遣スタッフは、新しいプロフェッショナルの働き方を体現されていると思いますし、この働き方が浸透すると、派遣スタッフを積極的に選ぶ方が増えるのではないかと思っています。

※本文中の役職、インタビュー内容は取材時（2023年10月）のものです。

長野県塩尻市

「何か見直す業務はないですか」から手探りで見つけた進め方 丁寧な対話で課題と業務プロセスを可視化しBPRに基づく業務改革を実現する

塩尻市は長野県のほぼ中央に位置しており、国内でもデジタル化への取り組みが進んだ自治体の一つです。総務省のモデルプロジェクトでBPR（ビジネスプロセス・リエンジニアリング）と自動化に取り組み、大きな成果を上げたことがきっかけで、本格的なBPR推進による業務改革に取り組んでいます。市役所という行政組織の中におけるデジタル化や自動化への取り組みの進め方について、デジタル戦略課課長補佐の横山朝征氏、DX推進係の吉田悠氏、伊藤弥生氏にお話を伺いました。

短期間に1900件が集中する保育園の入所申請受付業務を見直し

横山：塩尻市が自動化に取り組むようになったきっかけは、平成30年度（2018年度）に総務省の行政改革モデルプロジェクトに保育業務改革プロジェクトが採択されたことでした。対象となった業務は、市内にある17の保育園の入所申請、審査、利用調整や関連する業務です。これらの業務が発生する毎年11月中旬から2月末までは、担当課であるこども課の超過勤務が庁内でもワースト1、2を争う状況でした。これを減らすことにフォーカスし、なおかつ、申し込み受け付けから保護者への決定通知発送までの時間を短縮することを目標としました。

なぜこの業務がこんなに大変だったかというと、まず、保護者のニーズが多種多様ということがあります。塩尻市では年間約1900件の保育園入所申し込みがあります。これを、「自宅に近い場所がいい」「通勤経路の途中がいい」「兄弟姉妹は同じ園に入りたい」といったそれぞれの保護者の方の希望を勘案し、なおかつ、利用調整基準（就労日数、疾病、介護、世帯構成など）を考慮して園ごとに保育可能な人数に収まるように割り振る必要があります。全ての方の要望を同時に満たすことは当然、不可能ですから、第1希望に決まらなかった保護者の方への説明も必要です。これに多くの時間がかかっていました。

塩尻市デジタル戦略課課長補佐の横山朝征氏

もう一つは、申し込みのプロセスの問題です。従来は保護者が紙の申請書を保育園に提出し、それを園がチェックし、申請されたお子さんを年齢ごとに集計してからこども課に送付し審査を実施する、というプロセスでした。保育園の開所時間中しか提出できないため、入園前の子の保護者は子供を見ながら普段行かない保育園まで足を運ぶ必要があり、大きな負担となっていました。すでに通園中の園児の保護者も、手書きで複雑な内容を記入し、忘れないように紙を提出する必要があるなど一定の負荷がかかっていました。また、申請締め切り後に園でまとめて申請書をこども課に送付していたため、申請からこども課での審査開始までにタイムラグが発生していました。さらに、申込書の内容が複雑で、記入に不備が発生することも多くありました。その場合こども課から電話で保護者に確認する必要があるのですが、勤務時間中の保護者と電話で会話するためにもまた時間がかかります。

一方で、利用決定通知を発送する日は2月末に決まっていますから、それまでに全ての調整を終えなくてはいけません。必然的に職員の残業が発生します。そして調整が完了したら、決定通知を発送するためのシステム入力、そして発送業務も職員が行っていました。

2017年度の実績では申込書確認業務が1845件で、1件あたり15分、利用調整が234件で、希望園に入れない場合の説明を繰り返し行うなど多大な労力を要しており、1件あたり数時間もの時間を費やしていました。これに紙の申込書をシステムに入力する業務、決定通知発送用の入力業務なども加えて、申し込み受け付けから決定通知発送までの3カ月半で約3000時間の作業が発生していました。

現行の業務のどこを改善できるかを明らかにするために、こども課職員に業務プロセス調査票による調査とヒアリングを行い、現行業務の棚卸しを実施しました。各自が現在行っている業務プロセスを手続き、処理手順、処理内容と段階的に詳細化して、処理時間や処理件数も明確化することで、改善のための課題抽出や、見直し検討の基礎資料としました。次に、棚卸し結果を元に詳細化した現行業務フローを作成しました。これに基づき「申込書の受け付け」「利用調整」「通知決定書の発送」の3つの業務プロセスについて、見直し（BPR）のシミュレーションを実施しました。見直しにより工数を3000時間から2000時間に減らし、なおかつ期間も3・5カ月から3カ月に短縮できるという試算を行い、2019年度から実際の導入に着手しました。

電子申請、RPA、アウトソースで66・7%の工数削減を実現

横山：RPAによる自動化を導入したのは申込書の受け付け業務です。その前工程として、まず受け付けを紙による申込書の提出から電子申請に変更しました。このことで、必須項目の記

入漏れや条件によって記載項目が分岐するなどの形式的なチェックは、受付時のシステムで実施できるようになりました。さらに、保護者が電子申請で入力すると申請内容をデータで受け取ることができますので、紙の申込書からシステムへの入力業務、入力内容のチェック業務も不要になりました。今まで職員が実施していた書類のチェックや入力の業務を、全て保護者と受け付けシステムが肩代わりしてくれているようなものです。

導入時には紙の申請書を残すべきではないか、という議論もありましたが、最終的には全て電子申請に一本化しました。代わりに、保護者の皆さんに周知するための説明会や冊子の作成には力を入れています。手続きをオンライン化する時には、使っていただくための努力も必要だと思います。

導入してみると、保護者の方にとっても、紙の書類に記入するよりもスマホの画面で入力する方が圧倒的に楽で、しかも24時間いつでも自分の都合に合わせて申し込めて、書類の確認に時間を取られることもありません。実際分析してみると、申請が多かった時間帯は役所の業務時間外の方が圧倒的に多数でした。役所は省力化になる、保護者は利便性が上がる、どちらにもいいことしかありませんでした。

利用調整業務については、結果的に導入には至りませんでしたが、ＡＩの活用を実証しました。これまでは利用調整対象児童（第1希望の園に決まらなかった児童）の一覧をエクセルに出力して、1件ずつ職員が申込書に記載された条件を見ながら案内園を決めていました。新しい業務フローでは、利用調整基準を見直し、明確にしてルール化した上で、利用調整対象児童と案内園のマッチングにAIの活用も試行しました。これによって、試算上では今までマッチングにかかっていた職員の工数を10分の1に減らし、スムーズに保護者との調整に入れるようになるとの結果が得られました。しかし、実際には塩尻市で調整している細かい条件をAIで再現することが難しく、結果としてAIの導入は見送っています。

その代わりに業務改革の一環として、今まで内部にとどめていた利用調整基準を保護者にも公開するようにしました。このことで、第1希望が通らず調整対象になった保護者の方にも理由を納得してもらいやすくなりました。職員にとっては、調整にかかる時間が減ったこともですが、保護者から「なぜうちの希望が通らない」という感情的な苦情をぶつけられることが減り、心理的な負担がかなり軽減されたようです。

通知決定書の発送業務は、通知決定書入力プロセスを見直してなるべくデータを引き継ぎ入力の工数を減らした上で、手間のかかっていた封入業務をアウトソーシングしました。

BPRに基づく業務改革の結果、作業時間は約3000時間から1000時間に短縮、期間も3・5カ月から2・5カ月に短縮と、シミュレーションを上回る効率化ができました。当時、私はこども課の隣の部署にいたのですが、例年、11月後半からの業務繁忙期には、こども課の人に鍵を渡して施錠をお願いして退庁していました。それが、この年は逆に鍵を渡されるようになって、「あれ？ いつもと違う」と。ＢＰＲの目に見える効果を実感しました。

「システムに入力することが仕事」から発想を切り替える

横山：これがきっかけとなって、２０２０年度から庁内ＢＰＲの推進が始まります。２０２０年度は情報政策課と企画課が一緒に推進していたのですが、２０２１年度からは部署横断で推進するためのデジタル戦略課が立ち上がり、ＤＸ推進係を置いて本格的な取り組みを始めました。行政改革推進はもともと企画課の管掌だったのですが、情報部門がその機能の一部をもらってデジタル戦略課としてデジタルツールを活用した業務改革を開始したという経緯です。

吉田：とはいえ、始めた当初は、原課（業務を行う各部署）の職員が自分たちの業務にデジタルを取り込んでＢ

塩尻市DX推進係の吉田悠氏

PRに取り組むという文化はまだなくて、こちらから「何か見直す業務はないですか」と声をかけて回るようなこともありました。でも、実際に取り組んで成功体験を得た職員からの口コミや、異動先で相談を持ちかけられるなど、どんどん広がっています。

取り組みを始めてから50件、5600時間をBPRで創出しました。うち、RPAで自動化した業務が32件です。2021年度にRPAを入れたのは、新型コロナワクチン接種状況の集計や、インフルエンザワクチンの接種結果をシステムに登録するシステム、あとは建築確認申請の登録業務ですね。図書館の本の管理システムは、システムを入れ替えたら今までできていたことができなくなって、そこをRPAで補完しています。

伊藤：RPAで自動化した業務のほとんどが、「システムに何かを入力する」業務です。BPRを始めるまでは、「システムに入力することが仕事」の一つなので、業務が大変だと思っても「やめよう」という発想はありませんでした。すると、効率化＝いかに入力業務をブ

塩尻市DX推進係の伊藤弥生氏

ラッシュアップして、効率良く入力するかを考えるようになります。F1でタイムを0・1秒削るための努力のように、切り詰められるところを切り詰めて効率化を図っていく。それはそれですごいことですが、RPAで何ができるかを知っていれば「そもそもその入力は人がやる必要ないよね、RPAでやればいいよね」という発想ができ、一気にタイムが縮まります。

横山：DX推進係に相談に来る時点で、担当者は現状に問題を感じて、何かを変えたいと思っています。その時に「今のあなたの抱えている問題だけを解決することはできるけれど、全体を整理して業務を見直すともっと違う、より良いやり方がありますよ」というのを説明して、納得してもらうのに苦労します。吉田と伊藤がすごいと思うのは、二人ともそこをものすごく丁寧にやるんですね。

吉田：BPRを進めるためには、ご相談いただいた方と同じ土俵で話ができるように、まず、業務理解に時間をかけるようにしています。聞き取りと同時進行で、現状の業務フローを可視化します。最初は大変ですが、そこを丁寧にやるからこそ、信頼が得られますし、誤差の少ないフローができます。現状のフローができたら、BPR後の業務フローを作って比較し、改善ができそうであれば実装、という流れになります。

取り組みを始めた当初は、ご相談いただいた方に「業務の流れを業務フロー図で描いてください」とお願いしていたのですが、ちょっと難しかったようです。次は「箇条書きにしてください」

とお願いしたのですが、出てきたものが大くくりすぎたり細かすぎたりとこちらが求めているような粒度にはなかなかならなくて、取り組み2年目、2021年の半ばごろからは、一から聞き取りをする今のやり方になりました。RPAの開発も、私と伊藤の方で担当しています。

横山：おかげさまでBPRの効果が広まってきて、依頼はどんどん増えているのですが、DX推進係の2人とあと兼任の職員が1人、合計2・5人ではキャパシティーを完全にオーバーしている状態です。各担当課で現在の業務フローを可視化して、改善フローを作成して、RPAのシナリオが描けるようになれば理想ですが、いつそこにたどり着くのか目標はまだ決めあぐねています。そのために何をすればいいのかが見えていないのが現状です。

実際、RPAを自分で触ってみたい、開発してみたいというモチベーションがある職員は増えています。本当はそういう人に対して、こちらから課題を提示して解決してもらうようなOJTができればどんどんスキルが上がっていくと思うのですが、DX推進係では今の業務で手一杯で、そこまで全体をコントロールするのが難しい状況です。

座学よりも現場で手を動かすモチベーションが人材育成につながる

吉田：RPAのライセンスは予算化されていますし、BPRに関してもきちんと報告しているので、首長やＣＩＯなどのトップは理解があると思います。塩尻市は全国に先駆けて地域情報化に早くから取り組んできました。１９９６年に塩尻インターネットという全国初の公設インターネットプロバイダーの立ち上げ、２０００年には情報拠点の「塩尻情報プラザ」を開設して自前のギガビット光ファイバーネットワークで学校や役所、博物館、保育園など72カ所を接続するなどの取り組みを進めており、今も自動運転実証やオンデマンドバスの運行などを進めています。他の自治体に比べると、デジタルの受け入れや変革に積極的な土壌があると思います。

伊藤：とはいえ、職員によって考え方に幅があるのも事実です。変革にポジティブな職員は自分の部署の職員に「何かＢＰＲの対象になる業務はないの」と声がけしている一方で、「正直それ（ＢＰＲ）は、やらないといけないことですか？」と言う人もいます。考え方に幅があることは自然なことで、そんな中でも理解を得ながら大きな壁にぶつかることなく進めてこられているのはありがたいことです。

聞いた話では、人事評価のための個人目標設定に「ＲＰＡのシナリオを作る」ということを書いている職員もいるそうです。市として積極的に「ＢＰＲに関する目標を評価しなさい」といった取り決めはありませんが、部署によっては人事評価にも反映されると聞いています。

横山：全体として、ＢＰＲやＲＰＡを利用するマインド醸成は進んできているけれども、デジタル人材育成みたいな視点でもっとＢＰＲやＲＰＡに取り組める人を増やそう、というところまでは至っていません。DX推進係の二人には、どんどん原課に入ってもらうことで、BPRの実施に加えて、ロールモデルとしての役割を果たしてもらって、BPRの必要性やおもしろさに開眼する職員を増やしていければいいなと思います。

人材育成というとまず座学で研修して、というイメージがあるんですけれども、ことBPRやRPAに関しては、現場で話して、モチベーションが上がっていく中でOJT的に手を動かすことの方が効果的だと感じています。そのチャンスを伊藤と吉田が持っているんですね。

伊藤：最近の課題は、役所特有かもしれませんが、定期的な異動のフォローがだんだんと大変になってきたことです。今動いているロボットについて引き継ぎが十分でなく、何のためにこのロボットが必要なのか、中で何をやってどこからデータを取ってきているのか、といったことがわからなくなるケースが出てきています。原課でわからなければDX推進係で、RPAのソースコードやヒアリング時の資料を見直しながら引き継ぎの仲介をする必要が出てきます。本来、それは原課で貴重なノウハウとして蓄積していってほしいところではありますが、職員ごとにBPRやRPAに関する知識、勘所にも幅があるので、今後どうしていくかは課題だと思っています。

吉田：あと、進化しているテクノロジーをどう取り込んでいくかも課題ですね。ChatGPTのような生成AIも、庁内では使用したいという声がありますので、利用ルールを決めていますが、それをＢＰＲの中にどう取り込んでいくかというのはまだ研究中です。住所を入力するときに市、町名、番地を自動で判定して分割できたりするといいなと思います。大きな問題ではないのですが、システム連係しようと思うと微妙にシステムによって連結していたり分割されていたりバラバラなので、そういう小さなことを生成ＡＩで判断してＲＰＡが自動化してくれるととてもいいですね。

窓口ＤＸの裏側でＲＰＡを動かし職員の負担も減らす

横山：デジタル戦略課の直近の大きな取り組みは、窓口ＤＸの導入です。北海道の北見市から始まった「書かない窓口」のシステムを導入し、２０２４年1月から稼働しています。

例えば、塩尻市への転入手続きをするのに、従来は窓口で必要な書類を確認して、記載台に移動し、手書きでたくさんの書類を書く必要がありました。これを、窓口で職員が聞き取りながら入力して申請書を作成し、印字したものを申請者が確認して、サインすれば申請が完了するという流れに変えます。その裏で、申請情報を住基システムに入力して、証明書を自動で印刷する業務をＲＰＡで自動化します。

転入手続きはだいたい面倒なものですし、一生にそうそう何度もする手続きではないので慣

■「書かない窓口」導入前と導入後のフロー

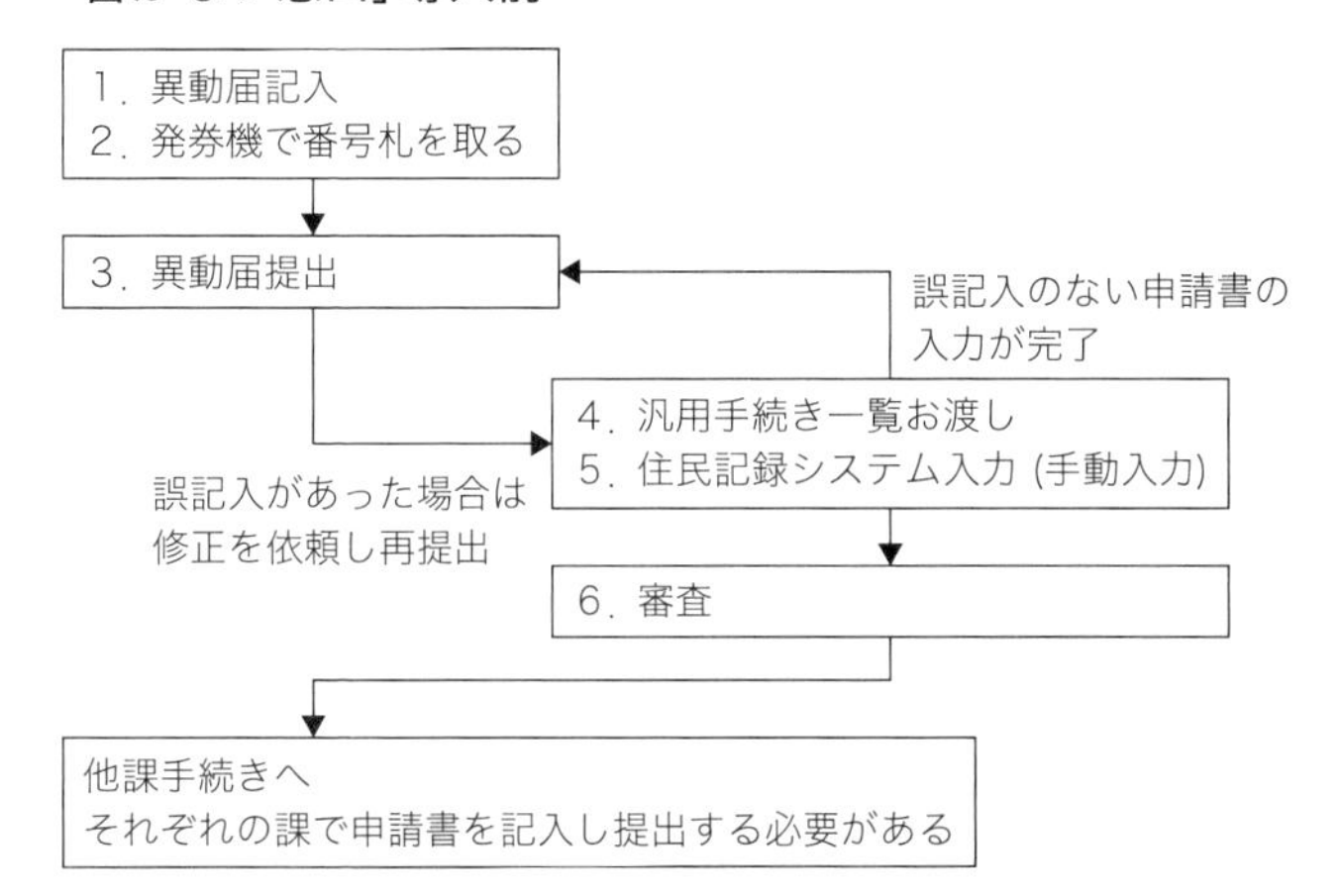

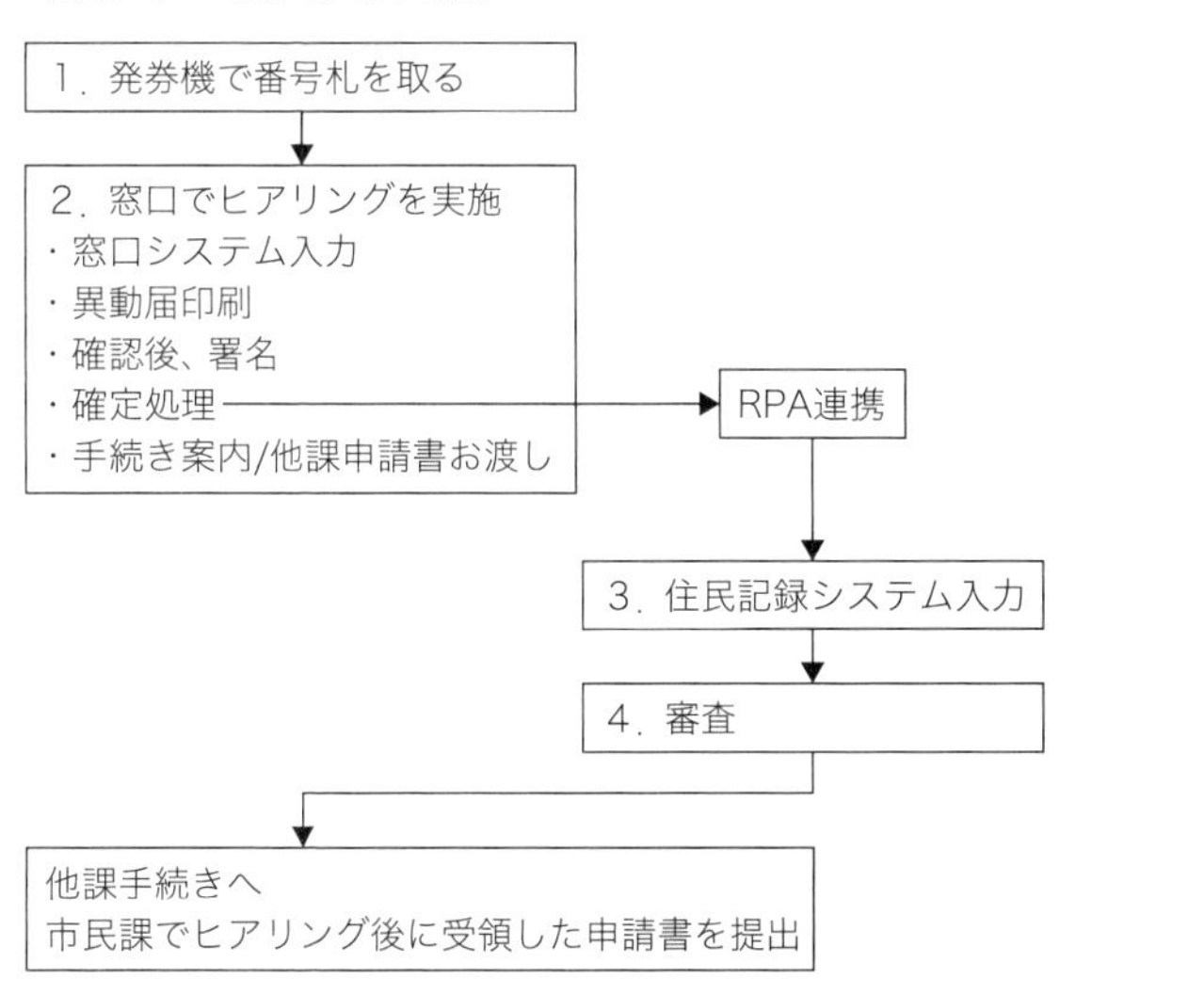

れることはありません。実際、塩尻市に転入する時にどのくらいの書類を書くのか、市民向け窓口業務がある18課が集まって手続きを模擬体験してみたところ、一人で10枚以上の書類を作成する必要があるケースもあることがわかりました。それぞれの書類に住所、氏名、電話番号、生年月日、と同じことを何度も書かなくてはいけない、市民の負担をデジタルで軽減しようというのが「書かない窓口」のコンセプトです。そこでRPAを使うことで、職員の入力の手間も省けて、バックヤードの事務作業に負荷をかけずに済むことになります。

吉田：窓口DXにおけるRPAの重要な役割が、新たに導入する窓口システムと、従来から塩尻市で利用している「住民記録システム」の間を接続することです。先の例にあるような証明書の発行だけでなく、転入、転居、転出など、住民の方の異動についても、窓口で職員が聞き取り窓口システムに入力している裏で、証明書の作成や住民記録システムへ入力する業務をRPAで自動化しています。

もともと北見市で稼働している「書かない窓口」のシステムを塩尻市で動かすのは一筋縄ではいきませんでした。まず、最初のベンダーの提案にあったRPAツールの相性が塩尻市の住民記録システムと相性が悪いものでした。ベンダーの立場としては、既に実績のあるツールの上でカスタマイズして展開したいというのは当然だと思います。しかしこちらは、それでは動かないことがもうわかっていたので、RPAツールは既に塩尻市で実績があるUiPathに変えてもらえるよう折衝しました。保育業務改革プロジェクトをはじめとするこれまでの自動化の経験があったので、ベンダーを説得できましたが、知見がなければ、押し切られてしまっていたかもしれません。

伊藤：ＲＰＡツールをＵｉＰａｔｈにすることが決まると、次の課題はワークフローとＲＰＡシナリオの作成です。業務フローを分解してＲＰＡシナリオをどう実装するかを、ベンダー、ＤＸ推進課、原課の担当者で一緒に取り組みました。新しく導入する窓口システムの仕様がわからなくて、ベンダーと何度もやりとりして確認した上でＵｉＰａｔｈのシナリオを作っていくのが、今までに比べると大変でした。

業務についてのヒアリングシートのテンプレートはベンダーが用意してくれたのですが、最終的には自分たちでオリジナルのシートを考えました。窓口ＤＸは18の課をまたがる、約２５０の手続きが対象です。全体の概要が把握できるようにしたくて、何度もバージョンアップを繰り返し、全ての手続きの業務フローを一覧できる巨大なシートを作りました。

業務フローを検証していく中でわかった問題の一つが、北見市のシステムと塩尻市のシステムの仕様の違いにより、当初想定のフローでは繁忙期には業務が回らないことでした。北見市の住民記録システムには、受付システムで入力した情報をひとまず保存しておく「仮登録」という機能があります。この機能を使うと、受付システムの入力をＲＰＡが住民記録システムに仮登録として先行して入力しておき、仮登録された内容を職員が審査した上で確定できます。一方、塩尻市の住民記録システムには「仮登録」機能がありません。RPAの入力と職員の審査はセットで行う必要があり、業務フローもそれに合わせて見直す必要がありました。その結果、仮登録機能を前提として見積もっていた窓口システムの端末数では、繁忙期には受付をさばき切れないということがわかったのです。最終的には、端末数とRPAのライセンス数を3台追加することで、この春の繁忙期も無事に乗り切れました。

横山：DX推進係の二人は関係する全ての課とコミュニケーションを取ってBPRを進めてくれました。いろいろと大変なこともありましたが、大規模なプロジェクトをほぼスケジュール通りに稼働できました。稼働したシステムの修正や手続きの追加などのメンテナンスは、市民課でできるように引き継ぎをしています。市民課の担当者も導入まで二人と一緒に動いてきた人なので、比較的スムーズに移行できていると思います。

BPRの視点を持って業務にあたり、開発もできる仲間を増やしたい

吉田：RPAについてはこれまでずっと手探りで進めてきましたが、本当は「これに沿って作ればよい」という標準的な手順や、作り方のようなものが確立できればと思っています。あと、

ＲＰＡはいろいろな人に触ってほしいと思います。ＵｉＰａｔｈは研修を受けなくてもとりあえず検索でネット上のたくさんの情報がありますから、触ってみれば何とかなります。そして慣れることで、ＲＰＡで何ができるかということが把握できれば、それがＢＰＲでも選択肢を広げることになります。

もう少し大きな視点では、市役所のシステムやツールの導入のあり方を見直せればいいなと思っています。ＢＰＲに取り組んでいると、「システムを入れるからそれに合わせて業務プロセスを見直したい」と言われることがしばしばあります。でも本来は、先に業務を分析してから、改善後の業務プロセスに合わせてシステムやツールを選ぶという順序の方が、よりすっきりときれいに業務が整理できますよね。予算の関係もあるのでなかなか難しいことではありますが、もう少し長い目で見て「より最適なツールを選ぶ」という考え方を広めていきたいと感じています。

伊藤：一緒にやる仲間を増やしたいですね。今は、ＩＴに興味がある職員がいても、忙しすぎて時間が取れなかったり、上長の理解がないと業務中には取り組めないし評価されないので、結局手を出せなくなってしまっていると思います。ＢＰＲの視点を持って業務にあたり、興味があれば開発も一緒にできるような人を発掘していきたいです。

吉田：これから取り組もうとする自治体の皆さんには、ＲＰＡや自動化の活用には、とにかく

ＢＰＲが重要だということをお伝えしたい。非常に手間がかかることですが、丁寧にやることで、しっかりとした対話が生まれて一緒にやっていこうという空気ができます。自動化を活用するにはそれが大事なことだと実感しています。

全員の「毎週90分」をRPAの学びに投資 モチベーションを持って成長することで3年で10倍以上に事業をスケール

認定NPO法人Teach For Japan

※本文中の役職、インタビュー内容は取材時（2023年11月）のものです。

Teach For Japan（TFJ）は、教育格差の解消を目指すNPOです。さまざまな経験を持つ社会人をフェロー（教師）として公立学校とマッチングすることで、教職員集団の多様性を実現し、すべての子どもの学習ニーズに適応できる教育環境とすること、そしてすべての子どもの学習する権利を確立することを目指しています。

事務局の仕事はフェローの選考、トレーニング、自治体と連携して学校とのマッチング、現場に出ているフェローのフォローアップや研修、支援者への対応、NPOとしての資金調達や会計業務など多岐にわたり

Teach For Japan代表理事の中原健聡氏

ます。2020年からバックオフィス業務にRPAによる自動化を取り入れたことで、フェローのリクルート数を10倍に増やせました。職員の中にはエンジニアもおらず、RPAに関する知識も全くなかった組織で、全員が一からの学びに参加したことが、自動化でスケールできた理由だといいます。どのように導入を進めたのか、Teach For Japan代表理事の中原健聡氏に伺います。

子どもの学習権を保障し、「公教育の変革を担う」人材を育てる

Teach For Japan（TFJ）は、「公教育の変革を通じてより良い社会を実現したい」という、私たちとビジョンを共有する人をフェロー（教師）として、学校現場に送る活動をしています。

教職課程を修了していなくても、公教育をより良くしたいという思いがあれば応募できます。応募した方に無償でトレーニングを提供した後、自治体とマッチングを行い、教師として2年間公立学校の現場で活動していただきます。

フェローシップ・プログラムの2年間はTFJが伴走しますが、3年目以降のキャリアは本人が決めることになります。実績としては、3年目以降も教師として学校に残る方が約半数

で、残りは教育行政職に就かれたり、教育系の民間企業に転職されたり、起業したりとさまざまです。

私たちの活動の短期的な目的は、多様な人材を教育現場に送り込むことで教員不足を解消するだけでなく、子どもの学習環境に多様性をもたらし、子どもの学習権を保障することです。そして2年間のプログラムを修了した方は、この2年間の経験が共通言語になります。プログラム修了後も、公教育への当事者意識を高く持って、自分の所属する組織をリードし、コレクティブ・インパクトによる社会課題の解決につなげることが長期的な目的となります。

さまざまなキャリアを持つ人が学校の現場に入ることの意義は多くありますが、その一例としてＩＴ化への対応が挙げられます。ＧＩＧＡスクール構想が進む中、学習支援システム、教員向けの校務支援システムと、さまざまなシステムが乱立した状態になっているのが現状です。結果として、子どもの学習や進路等について検討をする際に、「児童生徒の現状を適切に把握するための情報は、何を参照すればいいか」が煩雑になっているという問題があります。この問題を解決する一つの手段として、デジタルリテラシーの高い教員の採用、または、育成が考えられます。

ＴＦＪのアプローチは前者に該当します。子どもの学習権を保障するためには、子どもの学習状況を適切に把握し、手段や手立てを検討して伴走する必要があります。「子どもの学習権を保障できる教職員組織」をいち早く作るために、教員免許を持った人だけでなく、ＩＴ人材など、さまざまな専門性を持つ人材が学校現場に入職する考え方は有効だと思います。

ではどうやってＩＴ人材等の多様なバックグラウンドを持つ人材を学校に呼ぶのかですが、一般的に教育公務員の給与はＩＴ人材等の専門性の高い職種の給与に比べると水準が低いことから、さまざまな働き方を公教育の中に統合していく必要があります。生産労働人口が減る中、教員と他の職業で人材の取り合いをするのは不毛なことです。構造全体を捉え、働き方や入職の在り方を変えて、ＩＴ人材等の多業種の人材がかかわりやすい仕組みを作る必要があります。ＴＦＪの活動は新しい仕組みを構築するロールモデルです。

サッカー選手時代に問われた「君はどんな社会を実現したいのか」

教育を軸にキャリアを形成し始めたきっかけは、スペインでサッカー選手としてプレーしていた時のチームメイトの一言でした。何のためにサッカー選手になったのかと聞かれて「サッカー選手として有名になりたかったから」と答えた私に、彼は「それじゃ質問の答えになっていない」と言ったのです。サッカー選手は社会貢献価値が発揮される職業なのだから、君はどんな社会を実現したいからサッカー選手になったのかを答えなくてはいけない。その言葉が私のキャリア観に大きなインパクトを与えました。

自分が人生を通じて何を得たいのかではなく、何を残したいのかという視点で日本を見ると、日本の教育の在り方に対して疑問が湧きました。日本は教育にアクセスする水準が高いと言われていますが、不登校を含む長期欠席者数は40万人を超え、既存の教育の機会を拒否する児童生徒が増えています。ほとんどの地域で公教育にアクセスできるにもかかわらず学校に行かなくなってしまう。その背景には、教育の在り方に課題があると思いました。学校を子どもの生きる力を育む場所にしたい、すべての子どもが素晴らしい教育を受けられる社会を実現したいと考え、次のキャリアを教育に定めました。

スケールするために人を増やすのではなくスキルで成長する

現在、ＴＦＪには12名のスタッフがいて、年間１００名のフェローをリクルートしています。２０２３年は７００名以上の応募がありました。応募者の選考、トレーニング、自治体とのマッチング、派遣中のフェロー（教師）のフォローといった業務のすべてを12名で担っています。Ｔｅａｃｈ Ｆｏｒ Ｊａｐａｎは、Ｔｅａｃｈ Ｆｏｒ Ａｌｌというグローバルネットワークの一員で、パートナー国は61カ国あります。その中でもＴＦＪは採用するフェロー数と現場にいるフェロー数に対する職員数が最小であるにもかかわらず、フェローのリクルーティング数が伸びていることや、活動のインパクトがスケールしていることに驚かれています。

私が代表になった２０１９年は、年間のフェローのリクルート数は10人もいませんでした。そこから3年で10倍にスケールした背景に、ＲＰＡの導入があったのは間違いないと思います。スケールするために人を増やすのではなく、スケールするためには職員が成長する必要があると捉え、組織でＲＰＡを学習する機会を持ち、そのことで生き方、働き方が変化した。そういった職員の変容が、スケールした最も大きな要因だと思います。

自動化に取り組んだきっかけは、ＵｉＰａｔｈの隈元さんという、教育に情熱を持つ方とつながれたことでした。隈元さんご自身が持っているＲＰＡのスキルで、プロボノ（専門家によるボランティア）として私たちを支援したいと言ってくださいました。

当時の私たちは、エンジニアが誰一人いない、そのバックグラウンドも全くないという状態でした。そこで隈元さんは、私たちの業務をヒアリングし、既に他の団体を支援していた経験や事例から、我々の状況に最適な自動化を提案してくださいました。２０２０年からは徐々に加速していき、バックオフィス業務の一部を自動化していただきました。

自走するために、全員でＲＰＡを学ぶ

スタートはそこからですが、いつまでもプロボノに依存する思考ではダメだと思いました。何かあるたびにＵｉＰａｔｈに助けてもらっていては、自立した組織ではない。ＵｉＰａｔｈが提供しているサービスの支援を継続して受けるのであれば、ビジネスの関係になる必要がある。そこで、私たち自身がＲＰＡなどのテクノロジーを深く理解し、業務の課題を解決する時にアイデアの一つにできなくてはいけないと考えました。ＵｉＰａｔｈもＮＰＯの支援にあたって、ナレッジを共有することで支援団体のＲＰＡに関する知識理解が深まり、やがては自立していくということを目標として掲げられていましたので、ＴＦＪが自立する必要がありました。

プロジェクトが始まった当初から続いているのが、週に1回ＲＰＡを開発するための時間を設けていることです。現在は12人のうち4人がその時間に開発しています。プロジェクト開始当初の総職員数は今より2人少ない10人でしたが、全員が「ＲＰＡについて学び合う時間」を設けました。ＲＰＡがどういうものなのか全くわかっていなかったので、共通言語を持つために全員で学習しました。開発を依頼するにも、共通言語がないとうまくコミュニケーションも取れません。ＴＦＪは、学習を重要視している組織です。共通の書籍や論文を全員が事前に読んで、いかにして業務に適応するかを頻繁にディスカッションしていましたので、その学習コンテンツがＲＰＡに置き換わった形です。ＲＰＡとは何か、自分の業務で自動化しやすい業務は何かなどを全員で考えて、業務の自動化に取り組みました。

バックグラウンドがないことに取り組むのは、心理的なハードルがどうしても高くなります。何もわからないのに「これあなたの仕事だから、頑張ってください」と言ってしまうと、言われた方はつらくなります。TFJには、一緒に学習することでモチベーションが保てるという特徴があったので、継続するために一緒に学習する時間を設けました。後にインタビューで登場する平野さんのように、2年以上取り組むことで、RPA開発者として転職できるぐらいのスキルを身につけた職員もいます。

成果を得るために時間を投資するという考え方

毎週学習の時間を組織として持てるのは、私も含めて教師経験者が多いというTFJの強みかもしれません。教師経験で得られるのは「人に何かを教える技術」だと思われる方が多いかもしれませんが、私が教師経験で得たものは「人に時間を投資する技術」だと思っています。

これはものすごく難しいことです。仕事には締め切りがあり、進捗管理をしてコントロールしたくなります。しかし、人の成長速度はそれぞれまったく違うので、その人が業務を進める上でいかに学習しようとしているのかを捉え、その学習が促進される条件を見極める必要があります。その手立てが進捗管理なのか、学習の場なのか、チームの組み方なのか見極めて設計しないと、主体性を欠いて成長にもつながらないし、成果も出ません。そういったことが教師の経験で身についているので、そのバックグラウンドが生きたと思います。

時間を投資するということは、何かを諦める必要があります。ＲＰＡの学習を毎週90分、これを1年間10人に対して投資することで、組織全体の業務が一部停滞し、フェローのリクルート数など必要な成果が出せないかもしれません。しかし、その投資が3年目以降に成果として表れ、爆発的にスケールする可能性があると感じました。何を諦めるのかを判断するのは代表である私がすることで、職員は今の業務に支障が出るかもしれないと不安があったかもしれませんが、目指す状態に到達するために決めました。その結果、２０１９年には１８０人だった応募者を２０２３年には７００人以上に、フェローの採用を10人未満から１００人に増やせました。

私たちの活動は子どもの学習環境を再構築し、学習権を守ることと言っていますが、直接子どもに接することはできません。学校現場や子どもたちへの関わりは、フェローを通してになりますので、私たち事務局のマインドセットや姿勢がフェローに伝わり、それが子どもたちに伝わると考えています。だからこそ、私たち自身がモチベーション高く学習し、成長できているかはとても重要なことなのです。

何かに没頭することは学習することと同じ

最初に自動化したバックオフィス業務は、応募者の管理でした。エントリーシートを受け付けた時のレスポンスや、エントリーシートからポートフォリオ等への情報の転記、選考時の情報統合作業を自動化しました。次に、支援者へ寄付金の領収書を発行する業務も自動化しました。

いずれも決して難しい業務ではありませんが、人が対応するとヒューマンエラーが発生します。自動化によってそのリスクがなくなり、小さい業務かもしれませんがその工数がなくなります。自動化の効果というと大きなことに目が行きがちなのですが、それは逆だと思います。目に見えていない、気づきづらい小さなことにテクノロジーを活用することで、時間の余白がつくれるというのが自動化の効果ではないでしょうか。

ＲＰＡに限らず、新しいことを始める時は、いかに新しい学びをポジティブに捉えるかということが重要だと思います。必要性を感じて取り組んでいる時は、学んでいるというより没頭している状態だと思いますが、没頭している状態は課題を解決しながら熟達していくサイクルであり、それを学習と捉えています。ＲＰＡの習得をやらされていると感じるのではなく、「ＲＰＡをなぜやるのか」を一人ひとりが考え取り組む状況を大切にしました。

仕事に新しいことを導入しようとする時、マネジメント層は「仕事だからやりなさい」と言ってしまいがちですが、私からはそれは絶対に言わないようにしています。なぜ、これをやろうと思えるのか、今知っている範囲の知識が何に役立ちそうなのか、必要性があるのか、どう向き合うのかを建設的に職員と議論します。RPAに関しても同様で、当時は10人のスタッフがいたのですが、RPAで何ができそうかを全員で話し合いました。導入することが目的ではないので、もしやってみて想定と違っていたら導入はやめていたと思います。始めた時には、「自分たちがやっていたことをロボットがやるんだ」と知的好奇心、ワクワク感がありました。ネガティブな雰囲気はあまりなかったと思います。

余白時間は人生を豊かにするために使えばモチベーションが上がる

世間では「自動化でロボットに自分の仕事が取られる」という意見があるようですが、私たちの話し合いの中でそれはまったく出てきませんでした。組織として大事なのはビジョンに向かって加速することです。重要なのは、ロボットに仕事を任せてできた時間の余白を、別の仕事に充てることを加速させるという発想に陥らないことです。空いた時間をどうするかは各自が自分の裁量で決めればいいと考えています。追加の仕事がしたい人はすればいいし、寝ていてもいいし、趣味に熱中してもいいし、子育ての時間にしてもいい。一人ひとりの時間に余白ができ、その時間を人生が豊かになることに活用することでモチベーションも上がっていきます。一人ひとりのモチベーションが上がれば、パフォーマンスが向上し、結果にもつながり、組織の目標に近づきます。結果にはこだわりますが、そのプロセスをいかに多様化できるか、RPAはそのプロセスの多様化の一つです。

話が少しそれますが、「RPAでロボットに仕事を取られた」という発想はもったいないと思います。そういう人に、「ロボットに仕事が取られると言うけれど、そんなに毎日仕事がしたいのですか?」と聞くと、「そうです。好きな仕事ができなくなります」と回答する割合はごく少数ではないでしょうか。どう生きたいかが定まっていないからそのような反応になるのかなと思います。時間の余白をみんな求めているけれど、その時間を使うにも技術が必要です。自分が生きていく上で大切なことが何かが定まっていないと、時間を何に投資するかを決められなくて、余白時間をどうすればいいかわからなくなる。「仕事が減ると収入が減るから嫌だ」というのは生活水準の話なので別の観点ですが、それでもお金より時間があった方がいいと個人的には思います。お金は余るけど時間は余らないですから。

ロボット開発を続けるメンバーから得る刺激と気付き

ＲＰＡのプロジェクトの現在の開発メンバーは４人です。すべての仕事にロボットが適合するわけではありませんので、ＲＰＡの習得に意欲がある人や、自分の仕事と親和性が高いと思った人が取り組んでいます。私から誰かに対して開発を続けなさいとかやめなさいとか指示したことはなくて、それぞれが判断して取り組むと決めた人が続けています。

開発メンバーの中心になっている平野さんの話をぜひ聞いていただきたいのですが、彼女はすごい。ミーティングの中で課題を見つけて「これはこんなロボットを作ればいいと思います」と提案してくれます。身近な人が成長していることを感じると「自分ならどんな成長ができるだろう」とエンパワーされます。

開発メンバーには「ロボットの開発は息抜きになる」という人もいました。ＴＦＪでは、とにかく目的、ビジョンから何度も徹底的に問い直すタフな議論を繰り返して仕事を進めます。その中で「ＲＰＡでこんなの作ってみようか」という時間は楽しいし、ゲーム感覚で開発することで心のゆとりができると話していたのが印象的でした。その言葉を聞いて、目的に対して集中しているばかりが良いのではないということにも気付かされました。これがきっかけで会議の時間の使い方を見直すなど、組織全体の仕事の進め方も変えています。

テクノロジーの可能性でより良い縁を結ぶ

ＲＰＡと接点ができたことで、テクノロジーの可能性をすごく感じました。テクノロジーを生かした新しいチャレンジとして、今年からタレントマネジメントシステムの開発に取り組んでいます。ＲＰＡだけでなく生成ＡＩなども含めて、教師の育成、学校とのマッチングなどの業務に様々なテクノロジーを活用し、フェローと学校、子どもたちとの間に良い縁を結んでいきたいと考えています。

■インタビュー
心に余裕ができ、他の人をロボットで助けられるように

ＴＦＪのロボット開発の要として活躍している平野彩音氏に、お話を伺いました（聞き手：ＮＲＡＣ）

――平野さんご自身は、ＴＦＪにジョインされるまで、システム開発やプログラムの経験はありましたか？

平野：私がＴＦＪに入職したのは２０１９年5月です。それ以前は小売業で3年間働いていましたが、エクセルで簡単なマクロを使ったことがあるぐらいでプログラミングを学んだことはありませんでした。

家庭教師を大学時代からずっと続けてきて、教育への関心が高まってきたところで、ＴＦＪに出会いました。ＴＦＪのフェローシップ・プログラムという仕組みであれば、自分の力だけで子どもたちと関わっていくより、たくさんの子どもたちにアプローチできると感じて、団体にジョインすることを決めました。団体に入職してからもUiPath Studio Xというシステムを知るまでは、特にプログラミングを学ぶこともありませんでした。

――プログラミング未経験だった平野さんが、ＴＦＪ内のロボット開発に最初に取り組み、今や活動をリードするようになっています。そうなるまでの経緯を簡単に教えてください。

平野：団体内でロボットを開発してみるにあたって、私が担当していたバックオフィスが、自動化との親和性が高いということから、中原さんから声をかけていただきました。その時ちょうど、手作業でかなり時間がかかる業務をもっており、まずはその業務をなんとかしたいと思い挑戦してみました。とにかく作業量が膨大で、３００件を超えるファイルを一件一件作らなければならず、通常の業務時間内では対応し切れないため、子どもを預けて休日出勤をして対応していました。お話をいただいた時は「この業務を自動化できたらうれしい」という期待が3割、「プログラミングの経験がない自分にできるのか」という不安が7割ぐらいだったと思います。

着手してみると案の定、工程が複雑で自動化することそのものがとても大変でした。2020年の10月からロボットの開発を始めて、年明け1月までには自動化したいと思っていたのですが、エラーばかりで全く進まず、またなぜエラーになっているのかもわからず、12月に一度、心が折れてしまいました。

そのタイミングで、他のチームからもう少し自動化の難度の低い業務について相談があり、そちらに挑戦してみました。試行錯誤しながら、UiPathの末廣さんにも助けていただいて、なんとか完成できました。初めて完成させたロボットの内容は、「エクセルファイルのセルをコピー」「他のエクセルファイルを開いて貼り付け」を繰り返したあと、「PDFファイルを作成する」「Google Driveに格納する」というシンプルな工程でしたが、最後まで動いた時には「動いた！　作れた！」という達成感がありました。

このロボットを開発したことで、情報のコピー、ファイルの複製、Google Driveとの連携などの基本をしっかりと理解できました。それが小さな自信につながり、一度挫折した、より工程が長く複雑な業務も細分化して考えられるようになり、最初に自動化したいと思っていた業務も2021年1月末には自動化できました。ロボットを土日の昼間に動かしておけば、子どもと遊んだり、家事をしたり、お昼寝をしたりしている間に仕事が終わっているということに本当に感動しました。今では勝手にパソコンが動いている様子を見て、子どもが「ロボットがお仕事してくれてありがとうだね」と言うほど、私にとって自動化は当たり前のものになっています。

――その後始まった勉強会にもずっと参加されているんですよね。どんな様子なのか教えてください。

平野：初期の勉強会では、参加者に自分の業務で自動化できたらいいなと思うものを挙げてもらい、その中から、初心者でも作りやすそうなものを選んで、ZoomでUiPath Studio Xの画面を共有しながらみんなで1つのロボットを作っていました。私は行き詰まった時以外は口を出してはいけないルールで、私以外の参加者で様々なアクティビティを使ってみたり、過去に開発したロボットを参照したりしながら進めました。最初のロボットを完成するのに3～4カ月かかりましたが、2つ目のロボットを作り終わるころには参加者は表からメールを自動送信したり、ファイルを複製したりといった操作が自分でできるようになっていました。

現在は、決まった時間に参加者がバーチャルオフィスに入って、それぞれが自分の自動化したい業務のロボット開発に取り組んでいます。私も自分の業務のロボット開発をしていますが、困ったことがあれば呼び出してもらい、一緒にそのロボットについて考えます。

――ロボット開発のスキルを身につけたことで、業務の内容や働き方は変わりましたか？

平野：業務自体はずっと変わらないのですが、自分の業務の中で手作業の繰り返しだったことをロボットに任せられるので、気持ちの負担が軽くなりました。また繁忙期でもロボットが作業をしてくれるので残業や休日出勤が少なくなりました。

心や時間に余裕ができると、メンションされていない他チームのSlackのやりとりを見て、「この作業は自動化すればもっと早くできるかもしれない」「手順を少し変えたら自動化できるかもしれない」ということに気づけ、積極的に提案に行けるようになりました。バックオフィスをメインに仕事をしていると、団体に貢献できていない後ろめたさを感じてしまうこともあったのですが、ロボット開発を通じて他チームの業務を理解できたり、作業負担を軽減できたりすることで、そういった後ろめたさもだんだんとなくなりました。

今では、開発したことがない職員でも、どんな作業であれば自動化できるのかと考えることに慣れてきたこともあり、「この業務は自動化できますか？」と聞かれることも増えました。

――開発は全て平野さんがやっているんですか？

平野：私が団体内で最初にロボット開発をできるようになったので、相談があるときは多くが私のところに集まってきていました。しかし、最近はチームごとにロボット開発の担当を分担するようになり、基本的に担当チームの開発は担当者が進め、難度の高いものは一緒に考えて進めるようになりました。ほかにも、私がSlack上で要件のヒアリングをしていると、「これならできそうだから自分が開発します」と手を挙げてくれることもあり、ロボット開発できるメンバー同士で助け合える段階に来ていることを実感しています。

――平野さん自身も相当経験を積まれてスキルも上がってきていると思います。ロボット開発を仕事にしようと考えたことはありますか？

平野：ロボットを作ることが業務を進める上での助けになればいいと思っていますし、ロボットによって私も団体も助かっていることはたくさんあります。ただ、あくまでも子どもたちに関わる人を増やして、子どもたちが成長していく環境をより良いものにしたい、その仕組みを支えたいというのが私のやりたいことなので、ロボット開発に特化したいと思ったことはありません。

しかし今ではすでに、私や団体の働き方と自動化は切り離せないものとなっているので、これからも開発は続けていくと思います。私のできることは微々たるものかもしれませんが、ロボットで他の職員の負担を減らして、なかなか時間が取れなかった業務に着手できたり、休憩できたりすることで、団体で働く全員が少しでも働きやすい環境で高いパフォーマンスを出せたらいいなと思っています。

——最後に、これからＲＰＡや自動化に取り組みたいと考えている人にメッセージをお願いします。

平野：「この業務を自動化したい」という強い思いがあったとしても、最初はそれを完成させることに固執しすぎない方がいいのかなと思います。私自身がそうだったのですが、やりたいことと今の自分のスキルでできることの見極めが最初はとても困難です。

最初に着手したものが難しかったら、一度離れて、工程が少なくシンプルな業務から取り組んで完成させてみましょう。その達成感が次につながり、最終的には自動化したかった業務のロボット開発もできるようになると思います。

また、ロボットによる自動化についてあまり知らないという方の理解を得るためには、まずは1つロボットを完成させて、「ボタン一つで業務が完成する」ことを見てもらうのがよいのではないかと思います。そこで、自分の業務のどんなものなら自動化できるかイメージしてもらい、人に自動化してもらったり、自分で自動化に挑戦してみたりすることで、自動化が自分ごとになると考えています。「自動化で自分の業務をこんなに簡単にしてもらえたんだから、他の業務は自分で自動化できるようにしたい」とか、それが難しい人でも「他の業務も自動化してもらえるかもしれない」と思うようになり、各々が普段の業務に対してそういった目線も持てるようになることで、さらに自動化やロボット開発が身近なものになっていくと思います。

――簡単なものをまず作ってみて自動化が何かを捉える、そして人の助けになることで、自動化の輪が広がっていくということですね。ありがとうございました。

※本文中の役職、インタビュー内容は取材時（2024年3月）のものです。

時間と成果を気にせず思いっきり取り組めて、失敗も大歓迎！学生のうちに自動化に取り組むことで、発想の引き出しが増えてきっと社会でも役に立つ

慶應義塾大学AI・高度プログラミングコンソーシアム

慶應義塾大学AI・高度プログラミングコンソーシアム（以下AIC）は、2019年に発足した、AIやプログラミングの学習を推進する組織です。データやコンピューターなどの環境は企業と大学が連携して提供し、学生が自主的に講座を運営して学び合う「半学半教」を実践しています。

AICは2022年6月に学生3名が参画する「DXプロジェクト」を立ち上げ、AICオフィスで行っている様々な事務業務の自動化を行ってきました。初めてRPAを学ぶ学生がどのように自動化を進めたのか、RPAを学んだことで何を得たのかを、AIC運営委

慶應義塾大学理工学部特任教授の小林真里氏

員で慶應義塾大学理工学部特任教授の小林真里氏と、ＤＸプロジェクトで自動化を推進した慶應義塾大学大学院理工学研究科の豊原世将氏、田島陽紀氏に伺いました。

ＲＰＡに慣れた人材を育成するため「ＤＸプロジェクト」を立ち上げ

小林：ＡＩＣにはＡＩ、機械学習、プログラミングなどの知識や技術を習得したい塾生が学部・学科、学年を問わず集まり、学んでいます。特徴は、創立者である福沢諭吉先生の「半学半教」の精神の具現化です。学生が互いに教え合い学び合うことで、日進月歩のＡＩ技術の習得と利活用に取り組んでいます。５年間で延べ1万６５００名の学生がＡＩＣ主催の講習会を履修しました。

ＡＩＣのメインコンテンツとなる講習会は、春学期と秋学期にそれぞれ20～25種類のコンテンツを開催します。初心者向けにＡＩとは何かということから学ぶ「初めてのＡＩ」やPythonを基礎から学ぶ「初めてのプログラミング」、少しステップアップした中級者向けには生成ＡＩ入門やPythonの演習、上級者向けには生成ＡＩ理論編や機械学習上級講座など、さまざまな講習会を開講しています。一部の講習会は教員が教えていますが、全体の９割ぐらいは学生がチームを組んでシラバスを作成し、講習会を実施しています。このように講習会講師をはじめ、広報、会員企業とのイベント企画などＡＩＣの活動は多岐にわたります。この活動に参画している学生をインターンシップ生とし、ＡＩＣから給与を支払っています。

今回お話しする事務業務の自動化に取り組んだきっかけは、２０２１年にＵｉＰａｔｈがＡＩＣの法人会員になったことでした。ＡＩＣ代表の矢向先生（矢向高弘　慶應義塾大学大学院システムデザイン・マネジメント研究科教授）が以前からＲＰＡは今後必要になる技術だと考えていたこともあり、まずは何名かＲＰＡを理解し、実際に使える学生を育成したいということで、２０２２年の春に「ＤＸプロジェクト」を立ち上げ、参加学生を募ったのです。

豊原：ＡＩＣの活動が始まったのは、私が学部２年の時です。私が所属していたシステムデザイン工学科では、授業でプログラミングを勉強する機会は多くありませんでしたが、矢向先生の授業でＡＩＣの活動を知り、ＡＩやプログラミングのことを勉強したいと思って講習会に受講生として参加するようになりました。そして少し知識もついてきたなと思っていた時にＤＸ

慶應義塾大学大学院理工学研究科の田島陽紀氏

プロジェクトの募集があり、チャレンジしてみようと思って手を挙げました。

田島：私はＤＸプロジェクトに応募したことで初めてＡＩＣに関わるようになりました。その前から関心はあったのですがなかなかタイミングが合わず、講習会に参加したことはありませんでした。私自身は機械工学科所属でプログラミングが専門というわけではなかったのですが、自分の卒業研究でディープラーニングを使うために独学で学んだことでソフトウエアに興味を持ち、何か生かせることがないかと思っていたところで、ＤＸプロジェクトの募集を知り、参加しました。

膨大な時間とエネルギーが必要な作業を自動化して修了証を復活

小林：豊原さん、田島さんの他にもう1名学生が参加して、３名でプロジェクトを開始しました。最初に取り組んでいただいたのは、ＡＩＣの講習会の修了証発行の自動化です。ＡＩＣの講習会に一定回数以上参加

慶應義塾大学大学院理工学研究科の豊原世将氏

した学生には修了証を発行するという業務ですが、ＡＩＣ設立初年度はこれをパワーポイントへの差し込み印字を駆使して行っていました。

豊原：私も、初年度は「機械学習入門」の修了証をいただきました。

小林：学期ごとに20以上の講習会があり、その講習会ごとに発行作業を行うのはかなり大変でした。コロナ禍で講習会がオンライン中心になったことを機に、修了証の発行をやめていたのですが、受講生から修了証を復活してほしいという声が多数あり、２０２２年度から再開を決めました。しかしあの大変な作業を避けたい思いがあり、まずはこれを自動化できないかということでＤＸプロジェクトの第1号として開発をお願いしました。

豊原：ＲＰＡとは何かということを学ぶところから始めたので、ＵｉＰａｔｈが提供するｅラーニングや書籍で約1カ月学んでから取り組み始めました。

最初につまずいたのが、ＲＰＡが得意なことと苦手なことがわからなかったことです。まず、修了証作成の前処理として、講習会ごとにGoogle Formsで記録している出欠情報から、出席回数を条件に修了証発行の対象となる学生を絞り込みます。抽出した学生の氏名と講習会の名称をパワーポイントで作成した修了証に差し込み、ＰＤＦファイルを作成して学生ごとにメールで送信します。最初は前処理の部分もＲＰＡでやろうとしていたのですが、あまり得意な処理ではなかったようで時間がかかりました。試行錯誤の結果、学生のリストを整理するところまではGoogle Spreadsheetを使い、パワーポイントの処理以降はＲＰＡを使うことで処理時間を短縮しました。

開発は３人が各々得意とする分野を担当することにしました。前処理のデータの抽出とクリーンアップを私が担当し、パワーポイント以降の処理を田島さんともう一人の学生が担当しました。似たような処理がＵｉＰａｔｈのｅラーニングにあったので、それをなぞれば、ほぼ動くものが完成しました。

田島：１カ月ぐらいで動くものができたのですが、実際のデータで動かしてみると例外処理がいろいろと出てきました。例えば、講習会の名称が長すぎて差し込みフィールドの横幅が足りないなんてことは実際に動かしてみるまでわかりませんでした。これは、フォントサイズを調整する機能を使い、どんなに長い講習会名でもきれいに修了証に納まるように調整しました。また、ＡＩＣオフィスからは「誰でも修了証を発行できるようにマニュアルを整備してほしい」というオーダーをいただいたのですが、これも結構大変でした。

２０２２年の6月ごろから開始して実際に開発に着手したのは7月でした。9月に終わる春学期の修了証発行に間に合わせたいということで、9月中には開発を終えました。２０２２年春学期の修了証を発行した後は、少しずつ手直しをしながら半期に一度ロボットを利用していただいています。

小林：全部手作業でやっていた時は、「講習会ごとに、Google Formsのデータから8割以上出席した学生を抽出して、差し込み印字用のエクセルファイルを作成する」「パワーポイントに差し込み印字してPDFを作成し、正しくできているかを確認する」「Outlookにメールアドレスと修了証ファイルをセットして宛先と添付ファイルが正しいかを確認し、発送する」という作業に1週間かかっていました。一度に1000名以上の学生に修了証を発行するものですから、間違いがないように当然ダブルチェックも必要で、相当な時間とエネルギーが必要な作業でした。

自動化はOutlookの下書きを作成するところまでの作業でいったん止めて、職員がチェックしてからメールを送るようにしています。チェックといっても、メールアドレス、文面、添付ファイルがセットされた状態での確認ですから、作業ステップごとに手を止めてチェックしていた時とは全然手間が違います。

修了証は正式な証明書ではありませんが、就活やインターンなどのポートフォリオで使う学生もいてニーズが高いようです。学生の要望に応えることができるようになってよかったと思います。

要望に応えて業務を見直し、自動化の範囲を拡大

田島：次に取り組むことになったのが、学生の勤務表チェック業務の自動化でした。２０２２年度、ＡＩＣのインターンシップ生は80名ほどいました。これらの学生には勤務表の記録に基づいて給与が支払われるのですが、この勤務表が正しく入力されているのかをチェックするため、印刷して内容確認する作業が毎月１週間程度かかって大変だという話をＡＩＣオフィスの方からいただきました。

最初は、勤務表をサーバーからＰＤＦでダウンロードするところまでを自動化しました。作業自体はとてもシンプルで、ウェブブラウザー上でマウスを3、4回クリックするだけなのですが、学生が80名以上在籍しており、１人で複数の業務に参画している学生もいますので、印刷する勤務表は１００枚以上になります。これを間違いなくダウンロードするため、ＲＰＡでマウスの操作を記憶させ、１枚ずつダウンロードするところまでを自動化しました。

豊原：使い始めると次の要望が出てきました。勤務表を基にしてインターンシップ生に給料を支払った後、予実管理する業務があったのです。今までは担当者の方が１００枚以上の勤務表の給与額をエクセルに転記して、チームごとの支出額と総支出額の予実管理を月次で行っていました。それを、ＰＤＦの読み取りを自動化することにより、例えば講習会チームであれば、更に細かい単位の講習会ごとに支出額を集計できないか、という要望が出てきました。さらに、勤務表のダウンロードと印刷についても、チームごとに一括してダウンロードして、チェックできるようにしてほしいなど、さまざまな要望が追加で出てきました。

これを実現するためには従来の学生の業務オペレーションについても見直す必要がありました。例えば、チームごとに勤務表をダウンロードするために、学生が提出する勤務表に、自分が所属するチームの振り分け番号を入力してもらうことにしました。こうすることで、ロボットがPDFファイルを作成する時に、その振り分け番号を読み取り、フォルダごとにダウンロードできるようになります。こうしたやりとりをしながら毎月の月次処理に合わせて少しずつ機能を追加していきました。

今は、自動ダウンロードした勤務表がチームごとにフォルダ分けされており、チームごとの予算消化状況がすぐに計算できるようになりました。従来は勤務表の印刷に約5時間かけていたのが、RPAの導入により約20分でできるようになったので、ロボットを起動してコーヒーを飲んでいる間に完了します。ヒューマンエラーもないのでやり直しもなく、作業時間が大きく短縮されました。

小学生に自分の動きをデータでフィードバック

小林：RPAを使った自動化の取り組みとしてもう一つ紹介したいのが、一貫教育校支援プロジェクト（以下、一貫校プロジェクト）との連携です。一貫校プロジェクトは、慶應一貫教育校生（小学生〜高校生）にもAICのコンテンツを展開し、若いうちからプログラミングやデータサイエンスの面白さに目覚めてもらうことを目的に活動しています。2023年8月には、一貫教育校生向けの大規模教育イベント「AIC Week」を開催し、プログラミングやデータサイエンス入門などのコンテンツを展開しました。更に間口を広げて、そもそもデータサイエンスやAIに興味がない生徒にもデータの面白さに触れてもらうため、スポーツデータ分析イベントを実施しました。

豊原：第1回は「サッカー×データ」をテーマに、2023年7月に2日ほどで実施しました。横浜初等部のサッカー部の生徒に位置情報デバイスを装着してサッカーをしてもらい、走行距離、スピード、加速・減速回数、最大加速度、スプリント回数などの運動データを取得しました。他者と比較するのではなく、「過去の自分を超える」ことを目標に、RPAを利用して生徒に自分の動きをフィードバックする個票を作成し、1回目と2回目の自分の動きを比較してもらいました。また、サッカーコートのヒートマップを作成し、試合中の動きを色で見せると、自分たちがコートを広く使えているのか、逆にある場所に固まっているのかがわかり、次回の作戦を考えるのに生かせます。自分たちの動きをデータ化するというのが小学生には目新しく、とても興味を持ってくれていたと思います。

小林：2024年3月に実施した2回目の教育イベントでは、「角度」をテーマに算数と体育のマリアージュに挑戦しました。最近の子供は、時間と場所と仲間が減ったことにより、外で遊ばなくなったといわれます。その影響からか、急角度を曲がる時には減速しないと曲がれないという感覚が、体感できていないそうです。

本イベントでは、まず算数の授業で、走るコースが直線の場合と、曲がり方が浅い場合（135度）、直角の場合（90度）、鋭角の場合（45度）とで、曲がる時にどのくらい減速するかを予想しました。そして、体育の授業で、実際にその角度を走ってみることで結果を確認しました。算数の授業では「同じ距離を走るなら曲がり方が変わっても同じ時間で走れる」と予想していた生徒たちが多くいましたが、実際にGPSデバイスを付けて走ってみると、角度が急になるほど減速し、ゴールするまでの時間がかかっていたことがデータでわかりました。走った結果がデータ化され個票でフィードバックされたことで、生徒たちは腑に落ちたようです。

田島：その次は「丸、三角、四角のうちどの形のコートが鬼ごっこをしやすいか？」を算数の授業で予想して、体育の授業で実際にやってみる、ということをしました。算数の授業では丸いコートが一番鬼ごっこをしやすいと予想した生徒が多かったのですが、実際にやってみると走行距離はどの形のコートでもほとんど変わらず、鬼ごっこのしやすさについても大差がない結果となりました。また、算数の授業で「三角のコートでは角に追い詰められると、逃げられ

サッカー×データ　生徒別の個票

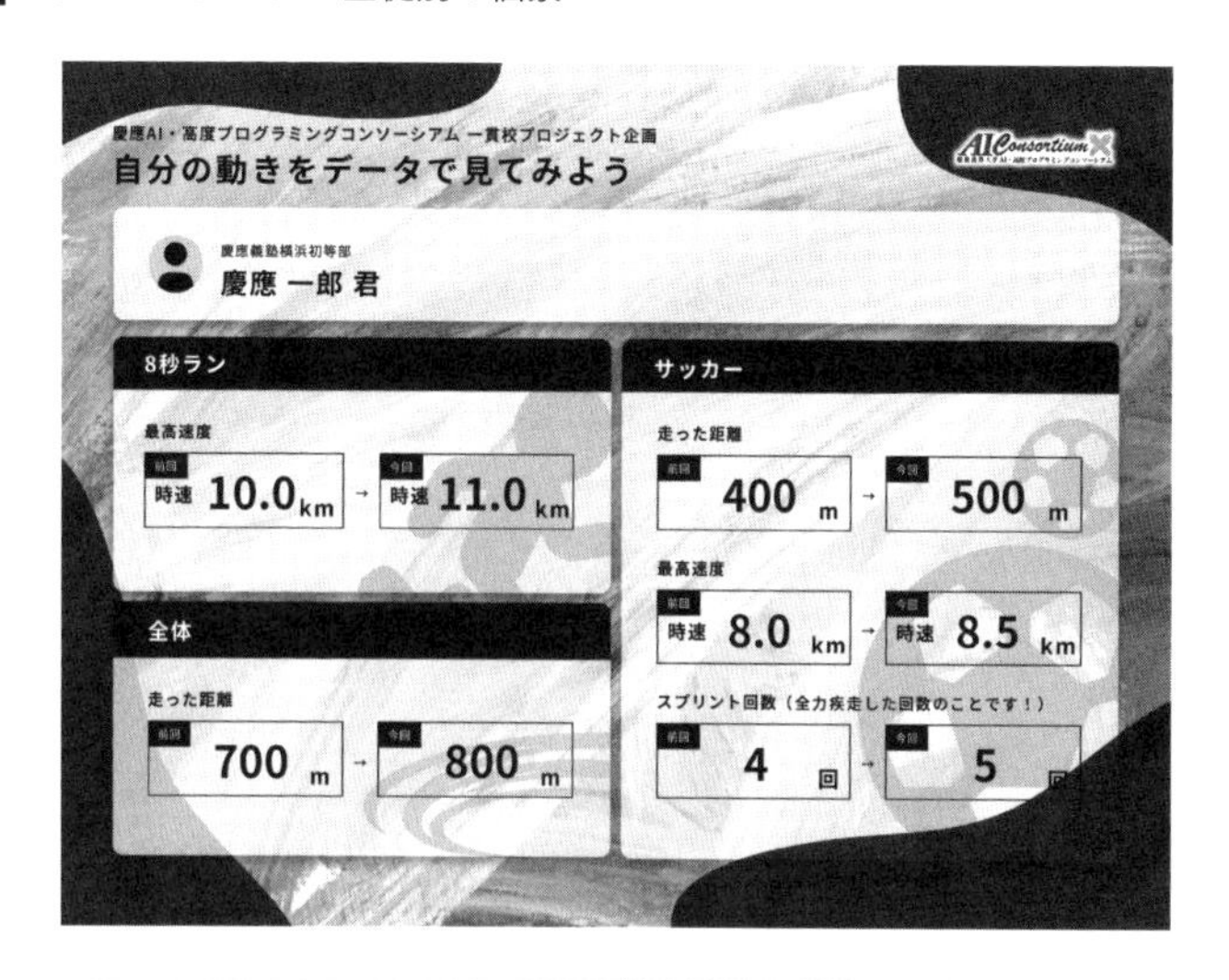

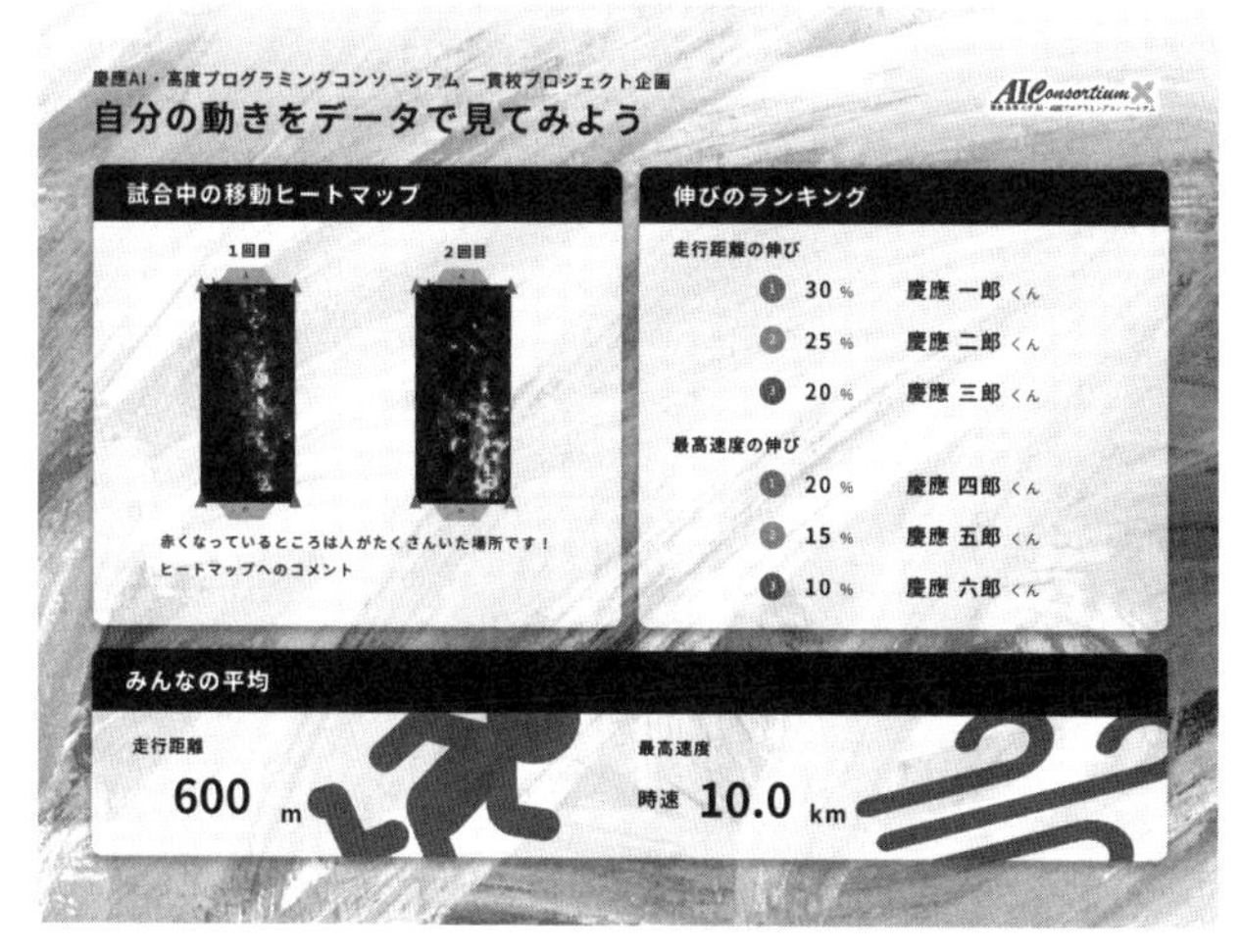

なくなる」という予想をした生徒の多くが、実際の体育の授業では、角に追い詰められないように工夫していました。これはある意味、データによる予測が生徒の行動を変えた例と言えるかもしれません。

鬼ごっこの結果も個票で生徒にフィードバックしました。そもそも生徒にとって、鬼ごっこは楽しい運動ですが、それに加えて、自分が走った距離をはじめ様々なデータを見ることができて、楽しさは倍増したようです。

小林：生徒たちが楽しむ一方で、担任の先生は、鬼ごっこのコートのサイズを最適化するために、走行距離のデータを取っていました。コートが小さすぎるとすぐに捕まってしまうし、大きすぎると鬼がなかなか来なくて生徒の動きが止まり、運動量が減ってしまうので、最適なコートサイズを見つけるのが案外難しいのだそうです。今回の結果は、担任の先生が鬼ごっこに最適なコートサイズを見つける一助になったようです。また、生徒たちが小学生の時から大学生との交流を楽しみ、プログラミングやデータ分析に興味を持つことで、将来の進路選択の幅を広げられるのは、一貫校ならではの活動であり、先生方も期待されています。

ＡＩＣは、２０２４年以降も一貫校プロジェクトを継続して取り組みます。生徒がデータの見える化や分析に興味を持つきっかけとして、個票によるフィードバックはとても有効なので、ＲＰＡによる個票の自動作成も引き続き継続していくことになるでしょう。

研究でもRPAが活躍する場面はたくさんある

田島：私は修士論文の作成にもRPAを最大限活用しました。条件を変えてシミュレーションを繰り返すのに、設定の操作やデータ取り出しの操作をRPAで自動化することで、画面の前に座って操作する時間を短縮できました。シミュレーションがさくさく進み、1週間に50件以上もデータが取れるようになり、データの整理が追いつかなくなるようなこともありました。DXプロジェクトを通してこのような世界があることを知れたのは、自分にとって、とても良い経験だったと思います。

企業でのRPAの活用は進んでいる一方で、研究での活用は進んでいないように思います。シミュレーションや実験データの整理など、データがあって処理が追いつかないような分野はたくさんあります。プログラミングが得意な人は自分でコードを書いて処理すると思いますが、私が在籍していた機械工学科はソフトウエアが苦手という人も多いので、そういうところではRPAがきっと活躍すると思います。

私はこの3月で修士課程を修了し、4月からは自動車メーカーに入社します。就職活動でも、AICのプロジェクトでRPAを使った自動化に取り組んだことをアピールしました。就職先の企業でも、RPAを活用している部門があるというのは聞いています。設計や開発などの業務でどの程度活用しているのかはまだわからないのですが、機会があれば仕事でも活用していきたいと思っています。

豊原：学生のうちにＲＰＡに触れておくメリットの一つは、時間や成果にとらわれずに、取り組めることだと思います。企業の場合はロボット開発にかかる時間と、それによって減らせる人的工数をてんびんにかける必要がありますが、学生の場合はうまく作れなくて時間がかかっても、別に誰に怒られるわけでもありません。むしろ、たくさん挑戦をして、エラーを経験して、時には寄り道をすることで、自分の引き出しを増やすことができるようになると思います。

田島：実際には、ロボットを作るのにかかった時間よりも自動化で減らせた時間の方が多く、おかげで睡眠時間も確保できてストレスも減りました。得られたものは大きかったと思います。

開発したロボットは研究室の先輩にも使ってもらい、後輩は自分で違う処理を自動化しています。みんなＲＰＡの存在を知らないだけで、こういうものがあって、使うと便利だし、時間の節約ができると知ったら、自分も使いたいと思う学生は多いと思います。大学の中で宣伝すれば広まるのではないでしょうか。

小林：ＡＩＣでも、ＵｉＰａｔｈのご協力をいただいてＲＰＡのハンズオン企画を何度か実施しており、これまでに約１２０名の学生が参加しています。現在は、ＵｉＰａｔｈがＮＲＡＣ

とコラボレーションした、ＲＰＡの基礎から実践まで学ぶ長期インターンプログラムに、本学から５人が参加しており、ＲＰＡの実践力を養っています。

「自動化」という発想の引き出しは社会人になっても役に立つ

小林：豊原さんと田島さんは２０２４年3月で慶應を巣立ちますが、ＤＸプロジェクトには新しい学生が参画しており、活動を継続しています。ＡＩＣオフィスの業務課題は豊原さんと田島さんの２人に頑張ってもらったことでほぼ解決できており、次の課題は、２０２４年3月に設立された生成ＡＩラボに対応したシステムの整備です。今後は外部の研究者や企業の方が多数来訪され、教育イベントや国際会議が行われることになります。ラボの受付システムを新規開発する必要がありますし、今まではGoogle Formsや授業支援システムを利用していた講習会や特別講義の受け付けも、外部の人が入ることを想定した新しい仕組みが必要です。有料のセッションに対応したデポジットや決済の仕組みも検討しなければなりません。こうしたシステム周りの整備をＤＸプロジェクトの学生と一緒に作っていけたらと考えています。

豊原：ＤＸプロジェクトに参加したことで、生活の中で「ＲＰＡを使う」という発想の引き出しが増えたことが良かったと思っています。単純で面倒な作業があれば、まず「ＲＰＡで自動化できないか」と考えるようになりました。研究だけでなく、プライベートでも使っています し、社会人になってからも仕事に役立ちそうです。ＲＰＡはそんなに難しくないと思うので、後輩にもどんどんチャレンジしてもらい、引き出しを増やしてほしいと思います。

田島：豊原さんに言われてしまいましたが、ＲＰＡに限らず、仕事をソフトウエアに任せるという発想ができるようになったのは、ＤＸプロジェクトにおける大きな収穫でした。長時間の実験で大量のデータを処理するのに苦労しているような学生の皆さんにもＲＰＡが広まれば、時間とエネルギーの節約ができ、研究が更に楽しくなると思います。

ＤＸプロジェクトの後輩の皆さんには、御用聞きをするだけでなく、自分たちから提案をしてみることを勧めたいです。ＡＩＣの学生はオフィスに自由に出入りできますから、自分からいろいろな人と話して、自動化のネタを探してみてください。

小林：オフィス業務の自動化をＤＸプロジェクトの学生にお願いしていたのは、職員はシステム屋さんではないので、自分でロボットを開発するのは難しかったという事情があります。２人に推進してもらった自動化で、職員もＲＰＡでどんなことができるかというのはわかってきました。今後は生成ＡＩラボともコラボレーションして、新しい業務の自動化にもチャレンジしたいと思っています。

「RPAはITのプロジェクトじゃない」徹底的にボトムアップで考えたプロジェクトリーダーの熱意がトップダウンの全社展開につながった

※本文中の役職、インタビュー内容は取材時（2023年9月）のものです。

中外製薬株式会社

中外製薬は先進的なDXへの取り組みが評価され、2023年には経済産業省からDXプラチナ企業2023〜2025に選定されています。RPAに対する考え方もユニークで、「中外製薬のRPAはRobotic Process AutomationではなくReconsider Productive Approach（生産的アプローチの再考）である」と定義し、RPA活用推進プロジェクトでは自動化による効率化にとらわれない業務の見直しに全社で取り組んでいます。多くの企業で推進役が抱える「トップの理解が得られない」「現場の社員もなかなか自分ごととして捉えてくれない」という悩みを中外製薬はどのように乗り越え

中外製薬の佐藤真澄氏

てきたのでしょうか。プロジェクトリーダーの佐藤真澄氏に、その取り組みを伺いました。

中外デジタルビジョンと3つの基本戦略

中外製薬におけるRPAや自動化のお話を理解していただくために、まず社内のデジタルへの取り組みの全体像をお話ししたいと思います。

中外製薬は名前の通り製薬会社であり、事業の根幹は革新的新薬の創出にあります。そのために、これまでに培ったバイオをはじめとするサイエンス力、技術力と最先端のデジタル技術を掛け合わせることで、ビジネスの変革と新しいヘルスケアソリューションを提供することが重要であると考え、2020年にCHUGAI DIGITAL VISION 2030（https://www.chugai-pharm.co.jp/profile/digital/vision.html）を発表しました。

「デジタル技術によって中外製薬のビジネスを革新し、社会を変えるヘルスケアソリューションを提供するトップイノベーターになる」というビジョンの実現に向け、第1フェーズの2020年から2022年は「人・文化を変える」ということで、企業風土を変えるための取り組みを行いました。RPAに限らず、デジタル人財育成のプログラムを複数立ち上げたり、個人の持つデジタルのアイデアを経営層に直接持ち込む仕組みとしてデジタルイノベーションラボを立ち上げたりと、デジタルに関してシームレス、かつアジャイルに事を進める風土改革を行いました。今は新しい企業風土の上でビジネスを変えていくフェーズで活動しています。

取り組みを進める上で、「デジタル基盤の強化」「すべてのバリューチェーン効率化」「デジタルを活用した革新的な新薬創出」の3つの基本戦略を立てています。RPA等の活用はこの中の「すべてのバリューチェーン効率化」として位置付けられており、全ての部門が取り組みを実施しています。RPA活用プロジェクト自体は、2018年にCFO直轄の全社プロジェクトとして立ち上がっていたのですが、実際には活用が進んでいたのは一部の部署に限られていました。私が2020年の春に現部署に移動してRPA事務局のリーダーを引き継いだ時から少しずつ根回しをして、2021年の春から一気に全部門での取り組みが加速し、現在に至っています。

RPAで楽になっただけでなく組織のルールも変わったことに感動

私自身が最初にRPAに関わったのは、現部署の一つ前のメディカルアフェアーズ本部（医薬品の適正使用のために販売後の臨床データ・エビデンスの作成を行う組織）で、自分の業務の一つが自動化されたことでした。全社ＲＰＡ活用プロジェクトの一環として部門内で対象業務の募集があり、当時自分が担当していた人財育成教育のｅラーニング受講管理業務の一部が対象として採用されました。自動化されたのは、ｅラーニングの受講記録を出力したものを受講者に配布する業務と、管理者向けに受講状況を共有するための帳票を作成する業務です。構築には最初から関わっていましたが、実際にロボットを作るところは外部のベンダーにお願いしていました。

業務が自動化されたことで、単調だけれども気を遣い、時間もかかっていた作業がほとんどゼロになりました。仕事が1つなくなったことでストレスが軽減され、物理的な時間ができたことが衝撃をもってうれしかったです。

もう一つ、うれしかったのが、ＲＰＡの導入によって今まで曖昧なまま負わされていた責任がなくなったということです。対象になったｅラーニングは、臨床試験関係の資格取得や維持に関する教育でした。漏れなく必要な研修を受講するのは受講者個人の責任ということになっていたのですが、実際は、取りこぼしがないようにお知らせのメールを送ったり、なかなか反応がない人には上司を通して言ってもらったりと、受講管理をしている私も責任の一部を負っているような状況が続いていました。ですが、ＲＰＡの導入をきっかけに、メディカルアフェアーズ本部長から「きちんと受講させるのは上司の監督責任」と明言していただき、ＲＰＡで自動作成した受講状況一覧を管理職が活用して受講を促すと、きちんとルールを作っていただきました。これで皆さんの意識が変わり、組織の面倒さが解消されていったというのがとても良かったし、うれしく思いました。

自動化を目的にすると自動化が阻まれる

こうしてRPAのユーザーとして関わっていたのですが、2020年の春に現在の部署に異動となりました。RPA活用推進プロジェクト事務局のリーダーの定年退職に伴い、リーダーを引き継ぐことになりました。もともとはMR（医薬情報担当者）で営業の現場が長く、前の部門でRPAは利用していたもののITに関しては全く専門外だった私がなぜ全社推進プロジェクトのリーダーになったのか。考えてみたのですが、おそらく中外製薬のRPA活用推進プロジェクトはITの専門性だけでは賄えない範囲がターゲットだからではないでしょうか。

定年退職された前のプロジェクトリーダーはIT出身の方で、事務局のメンバーにもITを専門にした方が多くいらっしゃいました。社員からは、RPAはIT技術を使うプロジェクトだという受け取り方をされてきたし、私自身もそう思っていました。

この時期、本来あるべきRPA活用の姿から見ると、プロジェクトは少し足踏みしていたかもしれません。とはいえ、RPAというツール自体が日本に入ってきたのが2017年ごろです。何もかも手探りの状態で、前任のリーダーや事務局のメンバーの皆様は、RPAという新しい技術が社内の他のシステムにどのような影響を与えるのか、内部統制の観点で抵触することはないかといった課題を一つずつクリアにして環境を整えて下さっていました。この時期は、RPA活用を進めることができるようにインフラを整える下ごしらえの時期だったのかなと思いますし、この時期があったからこそ、今、RPA活用推進プロジェクトはITのプロジェクトではなく、営業やビジネスの現場が主体となって進められているのだと思います。

私がリーダーになって最初にしたのは、現状を把握しつつ、RPAという自動化のツールを何のために導入するのか、RPAによって会社全体がどのように変わっていきたいのかを考え、CHUGAI DIGITAL VISIONとも照らし合わせて「RPA推進の理想の姿」を明確にすることでした。

RPA自体は2018年から導入が始まっていましたが、活用している部署は本当に限られていたというのが当時の状況です。活用している部署では次々とRPAで業務を自動化している一方で、活用していない部署では2年間全くゼロのまま、RPAと聞いただけで「うちには関係ない」という反応でした。なぜこのような違いが生じるのかというと、まず、RPAで自動化できる業務の有無です。当然ですが、自動化できる業務が少ないと活用されていません。

また、事務局としても現在のように「何でも相談してください」というスタンスではありませんでした。ＲＰＡを活用している部署の人は事務局の誰に何を聞けばいいのかわかっているのでどんどん質問してくるのですが、そうでない部署では最初の敷居が高く誰に何を聞けばいいのかわからなかった。結果として、どんどん差がついていった、ということなのだと思います。

また、実際に活用されている部署でも、最初は自動化したい案件を募集しても、ＲＰＡで何ができるのかわからず、ＡＩとの区別もついていないような状況だったという話を伺いました。聞き方を変えて「困っている業務はありませんか？　業務を見直しませんか」と問いかけることで出てくる業務を見直し、その中から自動化が解決手段になるものを自動化するようなやり方に変えたことでうまくいき始めたのだそうです。自動化は目的ではなく手段であり、既存の業務プロセスを見直すことが必要だということを教えていただきました。

現状を知り、私がまず決めたのは、「ＲＰＡ（Robotic Process Automation）は、業務見直しのための選択肢の一つでしかない」という軸はブレさせないということです。「今までやっていた業務をＲＰＡで自動化すること」を目的にしてしまうと、現状のように「自動化する業務が見つけられない」という理由で自動化が進まなくなってしまうということに気づいたのです。結局、このプロジェクトは業務を見直す、ということを全部対象に面倒を見ないといけない、ということを実感しました。これってまさに「Reconsider Productive Approach」ですよね。

以前からＣＦＯはそうおっしゃっていたのですが、正直、社内にあまり浸透していたとは言えませんでした。でも自分自身でいろいろな人の話を聞き、考えた結果、それがあるべき姿だということが心の底から納得できました。

ＲＰＡ活用推進プロジェクトのＲＰＡとは「Reconsider Productive Approach」であり、あるべき姿として今までの業務が見直されて楽になること、組織として健全になることをイメージして、自動化はその中でたまたま発生したもの、という位置付けにしていくことを考えました。あと、やっている以上は全社に関わっていただきたい。これも理想の一つとして掲げました。

全社を巻き込むために、全部門長の招集を要請

そういう目で現状を見直してみると、自動化を一生懸命やっている部署の多くで、頑張っているのは現場の社員で、部署のトップはあまり関わっていないということに気づきました。一方で、１つだけ、何でもとにかく自動化するのではなく業務見直しの中でいろいろな選択肢を考えた上で自動化を活用するという、私の理想に近い部署があったのですが、そこの部署だけはトップの理解がありました。

理想を実現するために、まずは全部門の協力を取り付けたい。なのに、今は各部門のトップの理解が得られていないのでなんとかしたい。自分ではどうしようもないので、思い切ってCFOのところに相談に行きました。むしろ、RPA活用推進プロジェクトはCFOの直轄プロジェクトなので、相談先はCFOにならざるを得なかったのです。全部門の部門長にRPAを理解してほしい、ツールを必ず使うということが足かせになって業務の見直しが進んでいないという現状を何とかしたい、というプレゼンをしました。

訴えたのは、ボトムアップでRPAを加速するために業務時間の中で取り組めるようにする必要があるが、そのためにトップ、ライン長、部門の理解度を上げなくてはいけないということです。そのための施策として2つを提案しました。一つは、全社の活動を一元的に見える化するために今稼働しているRPA IDEA BOXの導入です。もう一つは、社員のスキルの底上げ、ツールの使い方だけでなく何を見直すかという「目利き力」を養えるような教育プログラムの導入です。

するとCFOからは、「俺から一声かけるから、全部門長が参加する会議を開催して」と言われました。その会議で、全部門長に対して本気で取り組んでほしいこと、年間計画を立てて提出することを要請するから、と。正直、大変なことになったと思いましたが、一方では今やらないと機を逃すという思いもあり、「やります」と言って始まったのが、現在も年2回開催している「拡大RPA推進会議」です。2020年のうちに「2021年からはギアアップして推進する」という頭出しをCFOからしていただいて、第1回拡大RPA推進会議が開催されたのが2021年3月でした。ここでCFOから、部門のRPA推進責任者は部門長であることを明言いただき、「部門で必ず推進リーダーを1名立てよ」「年間削減目標、推進体制、人員育成計画を記載した年間計画をゴールデンウイーク明けまでに提出せよ」と号令をかけていただきました。

今までのIT部門の支援は、自動化に取り組んでいる人に対してツールを使えるようにする施策でした。サポートの要請も、知っている人が知っていて問い合わせてくるという感じで、組織として問い合わせを受け付けるフローも整備されていませんでした。その結果RPAを活用できている部署が一部に限られていて広がりがないという状況があり、CFOも問題意識を感じていたように思います。私のプレゼンでは全社に向けて開かれた施策を打ちたい、ということを強調したので、そこがCFOにも刺さって、本気でサポートしてもらえたのかもしれません。

年間計画があることで業務として取り組みやすくなる

この会議が終わった後は、それは大変でした。あちこちの部門から「急すぎる」「ゴールデンウイークに休めない」と苦情を言われたり、推進リーダーを立てるということは人を割かなくてはいけないということだから、合理的な説明を部署のマネージャーが集まる会議でしてくださいと呼び出されたり、正直怖いと感じることもありました。あとは個別に、計画に何を書いたらいいのかわからない、自動化する業務がないいんだけどどうすればいいか、という問い合わせも多くありました。

さまざまな粒度のご質問、ご要望、ご意見をいただきましたが、全て残らず個別に打ち返していきました。MR時代にお客様の医師一人一人に合わせた対応と説明をしていた経験が生きたと思います。また、周囲の協力も大きかったと思います。部門長からの問い合わせにはITソリューション部の部長が部長同士で丁寧に対応して下さったり、現部長でも対応し切れないような問い合わせには役職定年を迎えて当時事務局にいらっしゃった元部長がさっそうと対応してくださったり、上の方々にはずいぶん助けていただきました。RPA活用推進プロジェクト自体が、社内表彰でバックオフィス部門を対象としたコーポレート部門賞をいただいたことで社内での認知度が上がったことも、プロジェクトにとっては大きな追い風となりました。UiPathなど、外部のパートナーの皆さんにもずいぶん助けられたと思います。私はひたすら真っすぐ前を向いて進むことしかできなかったけれども、さまざまな協力をいただいて乗り切ることができました。

最初の年間計画書は、締め切りの1週間前にCFOから念押しをいただいたこともあり、全ての部門から期日通りに提出をいただきました。とはいえ、中身のレベル感はバラバラで、正直「これは難しいんじゃないかな」と思うような計画書も多くありました。今までまったく取り組んでこなかった部門ほど背伸びした計画を出してきた印象です。「初年度に10の業務を自動化するって、そんなに自動化できる業務はないんじゃないですか?」と思うようなこともありました。逆に、今まで取り組んできた部署は当然ですが着実に実施できる計画を提出されていました。

同じタイミングでCHUGAI RPA Squareという教育プログラムの開始をアナウンスしましたので、無理そうな計画に対しては、まずはいきなり業務の自動化に取り組むのではなく研修を受けてみて、というアドバイスをしました。年間計画書の中にも人財育成目標がありますので、まずはそこから着手いただいています。初年度については、計画途中でも修正をどんどん受け入れていきました。RPAに限らず、他のデジタル化の計画とリンクさせて他の手段で業務を変えようとか、そういう修正が多くありました。

部門で年間計画を作成するようにして良かったことは、そういうつもりはなくても隣の部門を気にして勝手に競争意識を持ってくれていることだと思います。また、担当者も部門長の責任で立てた計画に沿って進めていくことで、業務として取り組みやすくなったということを聞いています。担当者のやる気頼みで個人に負担をかける形でなく、健全にＲＰＡの推進が図られるようになったことは大きな進歩だったと思います。

自動化を広げるさまざまな仕組みを一気に展開

もう一つ、このタイミングで変わったのが、ＲＰＡを使った自動化対象業務の制約をなくしたことです。２０２０年までは、費用対効果の観点から、ＲＰＡ案件として扱う業務は、外部に開発を委託する際は年間２００時間以上、社内で開発する場合でも50時間以上の削減が見込めるものに限定していました。実際、ＲＰＡで自動化してみたいと思った業務でも、年間50時間って実は相当ハードルが高く、諦めていたケースもあったと聞いています。これがなくなり、誰もが自分の手周りの業務の自動化を考えられるようになりました。なおかつ、CHUGAI DIGITAL VISIONへの取り組みとして位置付けられることになったので、取り組みやすい環境が整ってきたと思います。

また、RPA IDEA BOX（アイデアボックス）という全社の業務見直しのアイデアを集約して一元管理している仕組みの運用を始めました。ＣＥＯや役員まで含め、全社員にアカウントを配布して「業務見直しのアイデアが、案件として今どんな進捗になっているか」が全てわかるようにしています。アイデアボックスの運用を始める前は、案件は事務局宛てにメールでエクセルのフォーマットを提出していたので、他の部署でどんなことをやっているのかわからないし、部署内でも担当者本人にしかわかりませんでした。それが可視化されないのは非常にもったいないですよね。アイデアボックスで全てのアイデアが可視化されることで、他の部門ではどんなことを見直しているのか、悩んでいるのかということがわかりますし、「こんな程度の悩みで声を上げていいんだ」ということがわかれば取り組みのハードルがさらに下がります。

ＵｉＰａｔｈをはじめ、使用しているツールを提供していただいているパートナー企業の方も見ていますので、進め方に迷っているとアドバイスをいただけたりもします。ＵｉＰａｔｈの方が「それ、ＵｉＰａｔｈを使わなくてもエクセルのマクロでできますよ」と言っていただいたりすることもありますね。業務によっては「見直した結果、この業務をなくしました」ということもあって、それもアイデアボックスで見られます。他の部門での見直しや自動化を見て、うちでも取り入れられるかも、といった検討が始まり、開発したロボットが横展開されるということが起こっています。２０２１年からはＤＸに優れた取り組みをした社員を表彰する「CHUGAI DIGITAL AWARD」という社内アワードを始めたのですが、この中で「CHUGAI Reconsider Productive Approach Award」という賞を設けています。活動が社内でも認められ、賞賛されるということで励みになっているのではと思います。

RPAがDXの入り口になっている

よく、中外製薬の自動化は市民開発、現場で働く人たちが自分で開発もしている、ということを強調されるんですが、全部が全部そうというわけではありません。課題の難度やユーザーの希望によって、外部委託か内製かを選べますし、事務局でも助言しています。実際、研究職やMRなど本来の業務が多忙で、RPAに時間を割くのはもったいないという考え方の方もいらっしゃいます。そんな中でも、「でもやっぱり自分でやってみたい」と思って教育を受ける方が少しずつ増えているのを実感しています。

教育プログラムのCHUGAI RPA Squareは、2021年春の開始からおよそ2年半で延べ1000名が受講しています。中外製薬のRPA、Reconsider Process Automationに役立つ学びを提供するという観点で講座を提供しています。現在、単発講座が8つ、シリーズ型講座が7コースありますが、RPAツールの使い方を学ぶ講座はその半分以下です。ツールを使う以前に、Reconsider Process Automationとは何か、事務局はどんなサポートをしているのか、という、「中外RPA基本のキ」的な講座や、皆さんの業務を洗い出してみましょうというワークショップ、もし見直せそうな業務が見つかったら、アイデアボックスに投稿して共有しましょうというワークショップを実施しています。講義は録画して、3日後には全社員が見られるようになります。

講座の中では、サポートが充実しているということを丁寧に伝えました。弊社ではRPA開発を進める際、専門のベンダーが家庭教師スタイルで、1対1でサポートしますがそのことがあまり知られていませんでした。ベンダーの方にも研修に登壇してもらい、「身一つで来てくれれば大丈夫」と言ってもらいました。全く経験がない人でも、「それなら自分でもやってみようかな」と思い、実際にサポートを受けて開発すると「自分でもできる」と思ってくれるようになります。「自分もできる」という人が増えることで、RPAの輪が広がりました。

一方で、もともとRPAツールを使うスキルがある方も一定数いらっしゃいます。そういう人は逆に、「わざわざ事務局に申請してサポートを受けるのは面倒だ」と、RPAへの取り組みがおっくうになってしまうようなこともありました。そういう方には、事務局は社内統制上最低限のチェックはするが、そこに抵触しなければ、環境はお渡しするのでどんどん自分でRPAを進めてくださいとお話ししました。

今まで踏み出せなかった人と既にスキルがある人、両方にアプローチすることで、口コミで「わからないことは手取り足取り教えてもらえる」「スキルがあれば自由に進められる」と認知が広まり、研修を受ける人も増えていきました。

受講される方を見ていると、ＲＰＡに関する教育はデジタルの入り口に最適なのかなと感じます。ＤＸというとなんだかとても敷居が高いですが、「マクロでできる」「エクセルの上でできることもある」といったことから始めますので、受講生の方からすると取っつきやすいんですね。「いつものエクセルの画面を操作しているけれどもこれもＤＸなのか」という感じで、もしかするとＲＰＡの開発も自分でできるかも、という感じで踏み込んできてくださっています。

自動化というとどうしても「作業時間が何時間削減できました」というところにばかり目が行きがちですが、「今まで大変だった、やりたくなかった仕事をやらなくてよくなった」という定性的な効果のインパクトがものすごく強いなというのは、自分の過去の経験と照らしても感じています。昨年から全社員対象にどんな取り組みをして、どんな効果を感じているかというアンケートを取っています。実際に自分でＲＰＡに取り組んでみた社員からは、「デジタルに対する意識が向上した」「業務の所要時間を短縮できた」「業務改善の意識が芽生えた」という意見が多く聞かれます。結果を見た限りでは喜んでいる人が多いかなと思いますし、やってみるまでは敷居が高くても実際にやってみたら自分ごとにできた、という感覚が得られているのだと思います。

効果を実感した人が伝えることで広がる輪

研修の受講者が増えた理由としてはもう一つ、各部門の推進リーダーを巻き込むことができたことがあると思います。CHUGAI RPA Squareの展開に当たっても、まずは部門の推進リーダーと担当者を対象に開催して意見を聞きました。同時に、当初は、リーダーや担当者の中にも「RPAツールを使うプロジェクト」「プログラミングができない人には難しい」と思っている方もいましたので、「そうじゃないよ」と研修を通して伝えていきました。

また、推進リーダーと担当者による会議を年2回開催しています。そこで、事務局がタッチせず、自由に分かれて交流する場を設けています。同じような仕事をしている部門で情報交換したり、大きな会議体では言いづらいようなちょっとした悩み事や相談ができるようになったと思います。他にも月1回、事務局による相談コーナーを開催しています。その時間はリモート会議に事務局の担当者がいて、悩み相談や事務局への提案がある方は自由に来ていただくというものです。このような取り組みで、推進リーダー、担当者のコミュニケーションが活性化しました。

その結果、今では彼らが部門内のメールマガジンでおすすめ講座を紹介してくれたり、積極的に情報発信してくれたりしています。やはり事務局からは個別の部門の事情は見えないので、そこは業務や困り事をよく知っている推進リーダーの人が状況に合わせて、役立つ研修を広めていただけているというのはすごいなと思います。そうして活動していただけるのは、会社の業務として、上長から言われて取り組んでいるという面もあるかもしれませんが、実際に自分の役に立っている、効果を実感しているから他の人にも伝えたいと思っていただいているのではないでしょうか。

ユーザーが主体となった情報共有の場としては、研究本部でRPA推進リーダーをしていた人がMicrosoft Teamsで立ち上げたユーザーコミュニティーがあります。自動化に限らず、デジタルに関わることならなんでも情報共有ができる、とても心理的安全性の高い場で、1300人が参加する巨大コミュニティーに成長しています。RPA活用推進事務局も参加していますが普段は静かに目立たないように潜んでいまして、あくまでも主体はユーザーの皆さんです。

RPAの推進に関していえば、事務局は各部門の皆さんを引っ張るというよりは、皆さんがやりたいことをサポートする立場です。何か困ったことがあれば相談していただける関係はつくれているかなと思います。最近は、2021年の体制整備から2年が経過して各部門のRPA推進リーダーの世代交代が始まりつつあることで、新しいリーダーから推進リーダーの活動について相談されることが多いですね。リーダーになったけれども何をやればいいかわからない、部門の全員から相談されて対応し切れない、あとはＲＰＡのツールが複数あるけれども、どう使い分ければいいのか、といった質問が多いです。ツールの使い分けに関してはきちんとした基準があるわけではないので、自動化の対象になる業務、取り組む人のスキル、あとはツールごとのサポートの内容なども含めて、現場で業務に当たっている人に負担のない方法を取ってくださいという話をしています。

ビジョンを掲げ、自分ごととして推進したから伝わった

さまざまな取り組みを経て、全社でそれぞれにＲＰＡに取り組んでいただき、２０２３年は３３１本の自動化、８・２万時間の削減が見込めるところまで広げていくことができました。各部門から提出される年間計画も、以前のような無茶なものではなくしっかりと地に足の着いた、達成可能な計画になっています。皆さんの意識が変わったのは、どんな業務でも「ＲＰＡを使う業務はない」って明言してもいい、という意識が定着したところですね。あとは、他の部門と一緒に１つの業務の自動化に取り組んだりと、業務を大きな単位で見てくれるようになっています。

今の悩みは、ＲＰＡの効果をどう見せていくか、ということです。全社で取り組む以上、見

える効果はどうかということは常に問われます。削減時間というのはわかりやすいのですが、ＲＰＡへの取り組みが進むほど目標がどんどん上がっていきます。部門の皆さんも計画の中で目標を掲げていただいていますが、進捗はどうかと問われるとテンションが下がってしまいますのでなるべく言いたくない、でも目標は達成しないといけないという矛盾があって、削減時間以外に定量的な効果は何かないかをずっと考えています。他社と情報交換しても、同じようなことで悩んでいるという印象です。自分の業務をＲＰＡに任せたことで気が楽になった、個人で声を上げづらい業務プロセスの見直しや廃止の手順が明確になった、デジタルが身近で怖くなくなった、といった、「社員が働きやすくなった、幸せになった」ということを表す指標があるといいのかもしれません。

とはいえ、ここまで来られた一番の理由は、人に恵まれたことだと思います。私自身はもともとＩＴ部門の人間ではないので、技術的な話はさっぱりわかりません。でも、ＲＰＡやＩＴで社員の皆さんが楽になって、したい仕事ができるような会社を実現したいという熱い思いは誰にも負けていないと思います。それを事務局のメンバー、ＲＰＡツールをご提供いただいているパートナー企業の皆さん、ＩＴソリューション部の部長をはじめ部員の皆さんが受け止めて、それぞれが自分ごととしてＲＰＡ活用推進プロジェクトを推進していただいた。あるべき姿というビジョンを掲げた上で、それぞれが自分の役割を持って駆け抜けることができました。

そういうことはユーザーの皆さんにもきちんと伝わっていると感じます。「推進プロジェクトが必死で頑張っているから、こっちも頑張ろう」という空気がユーザーの中にも醸成され、プロジェクトが大きく動き始めたのだと思います。

プロジェクトが大きくなって、ＲＰＡツールを使って自動化した案件も増えてきました。今後は、膨らみつつあるメンテナンスや保守に対応していくことを課題に感じています。これまで部門ごとに推進してきたので、見渡してみると似たような業務を別々に自動化しているようなことがあります。これを横断的に事務局で取りまとめて、メンテナンスや管理にかかるユーザーの負担を減らすことを来年から始めようとしています。また、ＲＰＡ単体ではなく、生成ＡＩ的なものを含むＡＩも当たり前に連係できる環境についても来年から整備していこうとしています。

もう少し視座の高い話をすると、今はCHUGAI DIGITALの中でＲＰＡ活用推進プロジェクト、人財育成、デジタルイノベーションラボ、といった形でプロジェクトが切り出されていますが、そもそもＤＸってこういう垣根がないのが理想だと思うんです。データサイエンスも生成ＡＩもみんな「デジタル」という一つの袋に入っていてシームレスに活用できる、ＲＰＡ活用推進プロジェクトもその仲間の一つ、という位置付けになっていくのがいいのかなと。さらにその先は、デジタルという特別な領域ではなく、会社全体の中で、業務を語る文脈の中に違和感なく取り入れられていくようになっていくのがいいかなと思っています。

こういう取り組みというのは、最初の一歩を踏み出すのが一番気が重くて大変だと思います。そのため、私たちのプロジェクトではよく「身一つでお越しください」って言っています。全部がわかっている人なんていませんし、RPAにこれから取り組むという会社であれば、管轄している部門もみんな手探りなので、一緒に頑張ってくれるはずです。敷居は高いかもしれないけれども、本当に丸腰で、わからないところから始めても大丈夫なので、業務を見直したい、自動化で楽にしていきたいと思っている人は、一歩を踏み出してみてほしいと思います。

※本文中の役職、インタビュー内容は取材時（2024年4月）のものです。

DX推進室がCoEとなって部門のデジタル化を伴走支援
「主役は業務部門」を徹底して巨大な組織で自動化の輪を広げる

東京電力エナジーパートナー株式会社

東京電力エナジーパートナーは、東京電力グループの中で小売電力事業、ガス小売事業を手掛ける、基幹事業会社の一つです。国際情勢の変化による電源不足、地球温暖化問題への対応、電力自由化など、市場環境が大きく変化するエネルギー市場における競争力強化のためデジタル化に取り組んでおり、自動化や生成ＡＩの活用を、最初のステップとなる足元の業務効率化のための重要な手段として位置付けています。同社のデジタル化を推進するＤＸ推進室ビジネスイノベーショングループの四方田佑介氏、受付業務の自動化を内製化で実施した法人営業部システム整流化推進グループの明石真和氏、全社に先駆けて生成ＡＩによる業務効率化に取り組み実績を上げているお客さま営業部デジタル分析グループの野間雄貴氏にお話を伺いました。

保守的な人を変えるには事例を増やすことが一番効果的

四方田：2020年4月、東京電力エナジーパートナーは、販売力の強化やオペレーションの効率化の実現を目標に全社的にデジタル化を推進する、DX推進室という組織を発足しました。

当社ではデジタル化の推進に向けて3つのステップを用意しています。まずステップ1が、足元の業務効率化です。従来からある業務を見直して整流化する（流れを整える）という基本的な取り組みで、RPAによる自動化やノーコード・ローコードツールによるユーザーアプリケーション開発、生成AIの活用などはここに該当します。ステップ2はデータ活用で、お客様の声やウェブサイトの訪問履歴など、顧客にまつわるさまざまなデータを活用して、個々のお客様に寄り添った提案型サービスの実現への取り組み。ステップ3は部門や基幹事業会社をまたいだ連携を視野に入れ、ビジネスそのものを変革していくところを目指します。

現在は、ステップ1がある程度進んできたので、さまざまな部門で行われた業務効率化の「型」や導入したテクノロジーを横展開して全社に広げつつ、ス

東京電力エナジーパートナー　DX推進室ビジネスイノベーショングループの四方田佑介氏

テップ2のデータ活用に取り組んでいます。

全社でのデジタル化の取り組みに対して、DX推進室がCoE（Center of Excellence）組織の役割を担っており、あらゆる部署の担当者からヒアリングした業務課題に対して、最適なソリューションを提案できるよう努めています。この時に、業務を実施している本人が自ら手を動かして活用できるソリューションを特に推進しています。

大切にしているのは、DX推進室はサポートに回り、効率化を行うのはあくまでも業務部門であるということです。RPAやノーコード開発、生成AIの活用では、私たちが成果物を作って渡すのではなく、業務担当者が自らアプリを開発したり、ロボットを作ったり、プロンプトを書いたりするのを支援することで、自らソリューションを活用できる人材を育成しています。こうすることで、DX推進室が少人数の組織であっても、社内で多くのロボットやアプリやプロンプトが使えるようになり、大きな効果の創出を実現しています。

ただ、これまでの取り組みにおいてデジタル化の推進が順調に進まない事例もありました。東京電力グループは社員数も多いため、保守的な考え方を持っている方も一定数います。我々の提案に対して業務を自動化する必要性を理解していただけない方など、思うような反応を示してくれないこともありDXが進まないこともありました。

乗り越えるためには、結局、事例を増やすことが一番効果的だったと思います。愚直に、で

きるところから効率化して見せ「そんなに効果があるならうちもやろうか」「なんでうちの部門はやっていないんだろう」と思っていただく。それを少しずつ広げていくことで「自分たちの部署ってもしかして遅れているんじゃないか？」と感じていただけたことで、ＤＸに向き合っていただけるようになってきたと思います。

電源調達の逼迫(ひっぱく)で申し込みが集中した受付業務を自動化

四方田：ＲＰＡを使った自動化にはＤＸ推進室の発足前から取り組んでおり、５年間で延べ４００万時間、コストに置き換えると85億円以上の削減効果を創出しています。ＲＰＡとノーコード開発基盤で開発したアプリを組み合わせた自動化の事例では、お客様の電気契約の申し込みから審査までの時間を大幅に短縮したという実績があります。また、生成ＡＩについても、限られた範囲での検証にもかかわらず年間１・５億円のコスト削減効果が見えてきました。それぞれの担当者から、事例を紹介します。

明石：私がご紹介する法人営業部の受け付け工程業務は、法人のお客様からの電気契約の使用や契約メニューの変更の申し込みを受け、託送手続き、お客様との契約を締結するという業務です。

見直しのきっかけは、2022年秋のことでした。燃料価格の高騰で電源の調達が非常に困難になり、一時期法人のお客様の受け付けを停止していました。受け付け再開時にメールによる申し込みを受け付けたところ、申し込みが殺到し、バックオフィス側の処理が大変なことになりました。1週間で準備していた分の電源の申し込みをいただき、受け付けを終了しましたが、その後の業務が通常の受け付けの対応より遅れてしまいました。結局、人員を増やして対応することでなんとか乗り越えましたが、お手続きに時間がかかる事態になってしまいました。

2023年度に受け付けを再開する可能性があり、その場合、同じことが起こる恐れがあるため、早急に手を打つ必要がありました。とはいっても、お客様の受け付けを早くできるようにシステム自体の改修を行うには時間がかかります。そこで、業務の見直しと、RPAとノーコードツールを使ったユーザー開発で改善を図ることにしました。

それまでの受け付け工程業務は、まず、お客様か

東京電力エナジーパートナー　法人営業部システム整流化推進グループの明石真和氏

ら紙の申込書やメールでお申し込みいただき、受け取った担当者が、その内容をエクセルやアクセスに入力します。これをもとに、社内の手続きを管理し、必要な契約書等の文書を手作業で作成していました。紙の書類と人の手作業に頼っていて、デジタル技術が活用されていない状況でした。また、電源の在庫や申し込み工程の管理などの必要な社内情報の収集も社内メールに頼っており、時間がかかっていました。その状態で短期間に膨大な件数の受け付けが発生した結果、処理が追い付かず、受け付け工程業務が長期化するという問題が発生していました。

改善のために、まず、お客様からの申し込みの受け付けをメールからウェブフォームに変更しました。フォームからお客様に入力していただいた情報をRPAでノーコードツールのデータベースに自動入力します。その後の工程管理、必要な書面の出力、お客様へのメールの返信などの一通りの機能もノーコードツールとRPAで開発しました。社内の情報共有には、ノーコードツールにあるチャット機能を活用するようにしました。受け付けはウェブフォーム、工程管理はノーコードツールで開発し、その間のデータの加工ややりとりにRPAを使いました。ウェブシステムとノーコードツールのシステムを連携しようとすると、セキュリティ確認等に時間がかかりますが、人の操作をRPAが肩代わりしてつなぐことでその時間は不要になります。

自動化により1カ月かかっていた審査業務を1日に短縮

明石：プロジェクト開始当初の懸念は、業務検討で詳細な要件を洗い出していくと、要件が現在の手作業を前提とした内容になり、複雑になりすぎてノーコードツールによる開発では再現ができないのではないか、ということでした。これについては割り切って「ノーコードツールを使うために業務を変えること」ということを担当者に伝えながら、同時に「作れるのはこれだ」というモックアップ画面を見せることで、実現可能性を見せながら、業務の見直しとワークフローの検討を行いました。

業務検討に3カ月ほどかかり、2023年10月に予定されていた受け付け再開まで、開発期間が実質1カ月半しかありませんでした。開発期間が短く、迅速な判断、柔軟な対応が必要になり、内製化を決断しました。「内製化すればできる」というよりは、「やるしかない」と腹をくくったと言う方が正しいかもしれません。

開発中は、ユーザーが「こうなればいいな」と次々に出してくる要件にイメージどおりに対応できるかを懸念していました。これは、最初の要件を実装した画面や操作性を見せて具体的にイメージできるようにすることで、無駄な追加要件を極力減らすようにしました。

導入後に懸念していたのは、利用者が多様かつ多数であることでした。バックオフィス業務は社員だけでなく委託会社も関わりますので、全ての人が間違わずに操作できる必要があります。これについては、担当業務ごとに使用する画面や機能を限定することで、特定の場所の操作だけ覚えればいいように業務とシステムを整理しました。また、リリース後は、ユーザーから上がってくるフィードバックへの対応を即時改修していくようにしています。これができるのは開発を内製化したことの利点だったと思います。

システムが稼働したことで、まず、紙や手作業に頼る部分がなくなり、ウェブシステムで受け付けた申し込みのデータをそのまま活用して書類の作成ができるようになりました。社内の確認業務も、チャット機能を使用して迅速に行えるので、コミュニケーションの時間が短縮できました。工程管理にもデジタルツールを使うことで対応状況を可視化することができました。手続きがどこで止まっているのかがわかるので、早めに対策を打つことができます。また、業務フローを標準化して、途中の手入力をなくしたことで、処理ミスが減り、手続きが短縮できました。特に、申し込みをいただいてから社内審査完了までは、従来は最大で約1カ月かかっていた期間をほぼ1日以内にまで短縮できましたので、その分早く契約を締結できるようになりました。結果的に、最大で3カ月かかっていた契約締結業務が1カ月まで短縮できました。お客様へ早くサービスをご提供することができ、サービス向上につながっています。

ＲＰＡ＋ノーコードによる内製化で外部環境の激変に対応できた

明石：今回の取り組みで実感したのが、外部環境の不確実性に対応したデジタル化においては、従来型のようなウオーターフォールの開発が難しいということです。

そもそも今回の見直しのきっかけとなったのが、新型コロナウイルス感染症の拡大や国際情勢の不安定化による原油価格高騰といった環境の激変という事態です。そのため、通年で行われる前提だった受け付け業務が、特定の時期に極めて大きなピークが来る業務に変わってしまい、人員を増やさずピーク時対応ができるように仕組み自体を作り替える必要が出てきたのです。

そこでスピード感を持った対応をするために、ＲＰＡ＋ノーコード環境で内製化するという判断ができたことが良かったと思います。おかげで、システム構築、リリースを短期間で行えましたし、その後の追加要件にもクイックに対応できています。また、この取り組みで、別の業務でもＲＰＡ＋ノーコードという組み合わせが使えるということを広めることができ、次につながる取り組みだったかなと感じています。

また、もう一つ思ったのが、業務を整理して自動化する時には、人がやっていたことを１００％自動化しようとしないのが肝要だということでした。今までの紙と人に頼ったやり方にも良いところはありました。人であればさまざまなお客様の要望や事情に合わせた柔軟な対応ができますし、社内でもそれを前提として人による業務フローがそのままになっていた部分もあります。しかし、実際は9割以上のお申し込みは定型の業務フローで処理できます。ならば、この9割以上のボリュームをシステムで自動化して、残りの非定型業務は人が対応するように分けることを提案し、担当者には理解してもらいました。彼らも、業務が変わることに対する不安はあるものの、従来使用していたエクセルやアクセスのファイルがどんどん重くなり、業務に支障を来たすこともある状況が改善されるかもしれないという期待が大きかったようです。

業務を熟知していてシステムを知っている人を開発のキーに

明石：法人営業部で今後、カーボンニュートラル関連サービスの提案業務に活用することを考えておりまして、現在調整を進めています。提案管理や提案書作成を行う必要がありますが、それを手作業でやるのは大変だし、マクロツールではなく、ノーコードツールを使って工程管理をしながら、お客様ごとに必要な帳票を出力して提案書を作れるアプリの開発を行いたいと考えています。

こちらの開発責任者は私ではなく、同じグループ内に別の担当者がいます。開発を外部に委託すると、業務で使った時に感じるちょっとした違和感に気づくのが難しいと思いますし、そこに気づけるのはやはり業務を知っている社員だと思います。そのため、システムのことを少し理解し、業務を熟知している人を開発のキーにするよう心がけて、対応できる人を少しずつ増やそうとしています。

生成AIの利用で作業量が減り、アウトプットの精度が上がる

野間：私が所属している部署では、営業支援システムの開発、営業リストの作成、ターゲティング、営業実績管理などを行っています。大量の定型業務というのはほとんどなくて、営業部内からの「こんなデータが欲しい」「こういうリストが欲しい」といった依頼に対応してデータ、リストを作成し、提供する業務となります。作成業務が発生した際には「過去の営業リストを洗って鮮度の良いリストを作成してください」という依頼が来ることもあります。多岐にわたる依頼に短時間で回答することが求められます。

個人的にはChatGPTが公開された時からYouTubeで使い方を勉強していました。Pythonのコーディングなどは、会社の機密情報に触れないように抽象化した上で私物のＰＣや携帯で

ChatGPTに質問して参考にしたこともあります。「これが業務で使えたら随分効率化ができそうだ」と常々考えていたので、生成ＡＩの試験導入の部門に選ばれた時は心の中で喜びました。

四方田：弊社は東京電力グループにおいて販売、つまり収益を支える役割があります。その中でも営業部門というのは直接お客様と関わる部門であり非常に重要な組織だと位置付けられています。このような理由から、野間のグループはいくつか選定した先行導入部門の一つになります。

野間：従来は営業担当者からのデータ作成依頼のたびに頭をひねって遅くまで作業していましたが、今は生成ＡＩを使ってエクセルのマクロの基本的な構造を組ませてデータ加工を高速化したり、Pythonのコーディングをさせてデータ処理をしたりしています。生成ＡＩがなくても回る業務ですが、生成ＡＩを使うことでアウトプットの精度が格段に上がるのと、使い手によっては本当に作業時間が半分で済みます。

例えば、私は営業支援システムの使い方研修を担

東京電力エナジーパートナー　お客さま営業部デジタル分析グループの野間雄貴氏

当しています。3日間、10〜17時の研修なのですが、生成ＡＩに「3日間でこういうシステムの使い方研修のカリキュラムを作って」と頼むと、時間割まで付けたアジェンダを一瞬で作成してくれます。これで資料は8割方できたようなもので、あとはそれに合わせてシステム仕様書の該当する部分を抜き出してくれれば資料が出来上がってしまうので、相当な省力化になります。

研修後のアンケートの自由回答のコメントも、生成ＡＩがポジティブ、ネガティブ、総評、改善点に分類してくれます。さらに、その結果を生成ＡＩで分析することで、振り返りレポートが作成できます。もちろん全てのアンケートに自分で目を通すのですが、まとめのための作業は生成ＡＩがやってくれます。

プロンプトは共有してチームで月３００時間を削減

野間：私のチームは5人ですが、同じような内容の仕事をその時の空き状況によって分けている感じなので、私がやったことがある作業であればプロンプトを渡して使ってもらうようにしています。チームミーティングの中でも普通に「生成ＡＩに聞いてみました」とか「生成ＡＩでまとめたので共有します」という会話があります。

あと、重宝しているのは、社外のクラウドサービスから来るメールやリリースノートの処理です。あらかじめ自社の業務をまとめておいて、「このリリースノートの中で関連がある箇所を抜粋して日本語で要約して」と言えばまとめてくれます。リリースノートを全部英語で読んで、内容をまとめるのに比べると雲泥の差です。

２０２３年度の後半から生成ＡＩを使うようになり、チーム５名で月３００時間の効率化ができました。定量的な効果もですが、定性的な効果としても生成ＡＩを使うことで物事の整理や進め方を得ることができ、業務の精度が上がったと感じます。

法人営業部の事例は、完全に決まった業務を自動化するシステムの構築でしたが、うちの事例は構築済みのシステムを運用して、営業担当者の支援のために生成ＡＩを使って出力を作成しています。生成ＡＩで今までやりたかったのにできなかったことができるようになったのが、顧客の住所に基づく最寄り駅の情報を付加したリストの作成です。Pythonで住所情報を基に緯度経度を取得し、最寄りの駅名と駅からの方角、距離を付加した顧客リストを作成します。「新橋駅の南、駅から近い顧客を10件」という条件で顧客リストを抽出できるので、営業担当者には便利ですよね。この開発は２０２３年の前半からＤＸ推進室で始まったPythonのトレーニングを受けながら取り組んでいたのですがなかなかできなくて、２０２３年後半に生成ＡＩが使えるようになって完成することができました。Pythonは全く初心者なので、わからないことを自分で調べるのも大変だったのですが、生成ＡＩに「こういう機能を実装するやり方を10個教えて」と言えば、10通りのコードを作ってくれます。その中から自分に合った返答を見つけて、パラメータを少しずつチューニングしていくことでコーディングの効率も精度も格段に上がります。

四方田：導入にあたっては、ベンダーのご協力をいただき、ＤＸ推進室として伴走支援の体制を整えていました。「生成ＡＩとは何か」から初めて、何ができるのかの紹介、業務課題を挙げていただいた上でプロンプトを作成していただき、添削してブラッシュアップしていくような体制を組んでいました。

一部の部門に限定した導入でも効果があることがわかったので、全社的に活用するための取り組みが２０２４年度から始まったところです。同様の支援体制で横展開を進めていきたいと考えています。

野間：私たちの部署でも継続して必要な時に活用していきますが、今後はＤＸ推進室と協力して、横展開に役立つ情報も全社に向けて発信していきたいと考えています。生成ＡＩのプロンプトってちょっと難しい部分もあって、実際に使ってみても「あまり役に立たないね」という印象を持ってしまう方もいます。そういう人にも使ってみて「役に立った」と思ってもらえるように、使う側が最低限勉強しないといけないこと、例えば最初にＡＩに役割を与えるといいとか、参考情報はこう与えるといいといったことを伝えて、シンプルで広く使えるようなプロンプトの例を共有していければいいなと思います。

生成ＡＩの活用でこれまで難しかった自動化の横展開を加速

四方田：今後の取り組みですが、直近では生成ＡＩをはじめとするＡＩの活用に力を入れています。今、生成ＡＩはとても注目されていて、現在使用している既存のツールにも生成ＡＩを活用した新しい機能が導入されつつあります。

ＲＰＡによる自動化も、今までは人がワークフローを書く必要がありましたが、生成ＡＩを活用することで「こういう業務を自動化してください」と文字で入力するだけでＡＩがワークフローを作成できる機能が登場してきています。ノーコード開発基盤もＲＰＡと同様に「こんなアプリを作成したい」と入力するだけでＡＩがアプリ開発してくれる機能が登場しています。こうした機能はぜひ積極的に取り入れたいと思います。我々が取り組む「自らソリューションを活用できる人材」の育成は、システムやテクノロジーに疎い人にはハードルが高い部分もあります。生成ＡＩはそういう人たちが自動化に取り組むハードルを下げてくれると思います。

資料作成や文書作成に使用するオフィス系の製品にも当然、生成ＡＩは入ってきます。すでに、メール返信の自動作成や、エクセルでこんなマクロを作りたいと入力したらＡＩが自動で生成してくれるような機能が使われ始めていますので、それも活用しない手はないと思っています。

あとは、紙帳票の文字を読み取ってデータ化するＯＣＲにもＡＩを活かしていきたいです。すでに弊社ではＯＣＲを活用しておりますが、読み取りのためには帳票のどこに何が書いてあるかを細かく設定する必要がありました。特に非定型の帳票を取り扱う部門においては帳票ごとにその都度初期設定が必要ということもあり、これがかなり大変であるため、横展開がし切れていないという状況がありました。何とかテコ入れが必要だと考えていたのですが、生成ＡＩを利用して、読み取りたい項目をテキストで指定するだけで生成ＡＩが判断して適切な項目を読み取ってくれるソリューションが出てきました。これにより、初期設定の工数を大幅に削減し、高かったハードルを大幅に下げることが期待できます。こちらは現在検証を進めており、業務部門からは良い感触を得ているため、横展開がやり切れていなかったという課題も解決できると期待しています。

日々の業務の中で自動化を行える部分は、探してみると意外と多く出てくるものです。自動化を行い既存業務の工数を削減すると、戦略立案や新サービスの検討など、組織の成長を推進する仕事に多くの時間を割けるようになり、お客様に対して新しい価値を提供することにつながります。これによって競争を勝ち抜く組織作りに貢献できるものと考えています。

自動化によって既存の業務、仕組みを変えてしまうことに不安や抵抗がある方もいると思いますが、その結果見えてくる世界は組織にとってプラスなものであることを確信しています。

ぜひ、思い切って自動化の世界に足を踏み入れていただければと思います。

※本文中の役職、インタビュー内容は取材時（2024年4月）のものです。

予算を持ち寄り手作りで始めたイベントが全ての始まりだった「迷ったら突き進め。間違ったらすぐ戻れ」で走り続けてデジタルを武装する集団へと変身

日清食品ホールディングス株式会社

日清食品グループは、チキンラーメン、カップヌードルなどの即席麺をはじめ、さまざまな食に関わる事業を国内外で展開しています。世界初のインスタントラーメンを世に送り出した創業者・安藤百福氏のＤＮＡを受け継ぎ、常にチャレンジを続け、新たな価値を創造するための重要な武器として、デジタルを位置付けています。ＲＰＡやノーコード・ローコード開発には２０１８年から取り組み、業務部門が自ら開発プロジェクトを進められるように支援と人材育成の体制を整えました。２０２３年にはいち早くグループ専用のChatGPT環境「NISSIN AI-chat」を導入し、全社での活用が始まっています。グループの中核となる日清食品ホールディングスの情報企画部デジタル化推進室　室長である山本達郎氏に、自動化や生成ＡＩ活用の取り組みを伺いました。

トップ自らが発した「デジタルを武装せよ」のメッセージ

日清食品グループでは、中長期成長戦略の実現に向けた事業構造改革の一環として「ＮＢＸ（NISSIN Business Xformation）」を全社活動テーマに掲げ、「ビジネスモデル自体の変革」「効率化による労働生産性の向上」を実現するためにデジタル技術を活用しています。

このＮＢＸの活動を加速するには社員の意識改革が欠かせません。日清食品グループでは、トップ自らが繰り返しその必要性を発信しています。

２０１９年1月には「DIGITIZE YOUR ARMS（デジタルを武装せよ）」という社内スローガンのもと、社員一人一人が自主的に業務を見直し、自らデジタルを学んで活用する組織文化を形成していくことの必要性を、トップ自らがグループの全社員に向けて発信しました。また、２０２３年9月に行われた日清食品の朝礼では、「進化し続けるとは、ルーティンワークさえ刷新し続けること」であるとして、「現行業務にＤＸは関係ない、改革を考えるのは自分ではない」という考えを改め、ＤＸは全社員に関わる事案であると日清食品の安藤徳隆社長が語りました。

日清食品ホールディングス　情報企画部デジタル化推進室室長の山本達郎氏

こうした背景があり、社内には「DXはIT部門や一部のプロジェクトが進めるものではなく、全社員でやるもの」という考えが根付いています。業務部門の社員自ら、RPAやノーコード・ローコード開発にチャレンジして、業務改善とデジタル化を推進しています。これまでに、約290種類の書類のペーパーレス化により年間55万枚の紙の書類を削減しました。さらに、決裁書の申請から承認完了までの期間は平均20営業日から4・4営業日に短縮、約800業務を対象に年間17万時間の業務工数削減を実現しています。

4部署で費用を出し合ったRPAスタートアップイベント

RPAへの取り組みを開始したのは2018年の4月ごろでした。その頃は、銀行などの金融業界を中心にRPAを利用したパソコン業務の自動化が話題になっていました。私も「9500人分の業務量を削減」「仕事が消える」といったニュースに衝撃を受けました。「これは時代が変わる」と感じたんです。「働き方改革に取り組む当社グループでも一刻も早く導入検証を始めなければ」と、RPAプロジェクトを立ち上げることにしました。

しかし、当時の社内は、「RPA」という言葉を知っている人も少なく、「本当に効果があるの？」と半信半疑の空気でした。予算もなければ、人もいない。その中でどうしようか考えて思いついたのが、有志を募って一緒に社内イベントを開催し、認知を拡大することでした。声をかけたところ、４つの部署が賛同してくれ、自部署の予算から少しずつ費用を出し合って活動を開始しました。この時にさまざまな問題を抱えながらも「一緒にやろう！」と言ってくれた仲間がいたからこそ、今があると思います。

２０１８年5月、東京本社の社員食堂「カブテリア」を半日貸し切って、「ＲＰＡスタートアップ」を開催しました。「ロボテリア」と銘打って、モニターとパソコンを並べて4部署で作成したロボットが動いている様子を動画で流し続けました。それぞれのパソコンの前には手作りのＰＯＰを置いて、このロボットはどんな業務を何時間削減できる、といった説明を付けました。ほかにも、役員によるオープニングメッセージや外部講師を招いた講演会、ＲＰＡ体験研修も実施しました。

来場した社長も、展示を全て見て回り、「失敗してもいいからどんどんチャレンジしなさい」と言ってくれました。当社グループには「日清10則」という行動指針があり、その中に「迷ったら突き進め。間違ったらすぐ戻れ」という言葉があります。ＲＰＡから始まってローコード開発、生成ＡＩ活用と推進することができたのは、新しいことへのチャレンジを後押しする組織文化が大きかったように思います。

このイベントがきっかけで、社内でのRPAの認知が上がりました。「中期経営計画2020」の中でDXへのかじ切りが示され、その中で「RPA、AIを駆使し単純作業を省力化」することが明記されました。

予算も付いたので、いよいよ実業務にRPAを導入するプロジェクトがスタートしました。活動にあたって大切にしたのは、現場主導で業務改善を推進し、社員の意識改革を進めることでした。そのためにも、業務部門のエンドユーザーによる開発にこだわりました。とはいっても、慣れない開発でうまくいかないと、現場からは「どうしてIT部門やベンダーに頼めないのか?」という声が上がってきます。くじけそうになることもありましたが、「今の子供たちは学校でプログラミング教育が必修化されている。今は過渡期で、近い将来現場社員が自ら開発することが当たり前の時代が必ずやって来る」と考え、粘り強く推進していきました。

「現場主導のデジタル化推進」のために専門組織を立ち上げ

当時私がRPA導入を進めていたのはBusiness Innovation室という部署でしたが、情報企画部でもデジタルによる業務効率化を目的として、kintoneやMicrosoft Power Appsといったローコード開発ツールの導入を推進していました。どちらも「現場主導のデジタル化推進」という同じ思想を持っていたので、双方のリソースとノウハウを結集した専門組織を立ち上げて活動を強化したいと担当役員に提案しました。そして、2021年10月、業務部門のデジタル活用支援を主導する部署として、私が現在所属するデジタル化推進室が誕生しました。

デジタル化推進室は「推進」「開発」「教育」という3つの機能を持っています。「推進」は、現場部門に対してデジタル化企画を提案し、企画したプロジェクトのプロジェクトマネジメントまで行います。「開発」は、生成AI、ローコード、RPAを駆使したアプリ開発や、現場開発者への支援、運用保守支援を行います。「教育」は、全社向けのデジタル教育プログラムの構築と実行です。13名のメンバーを、強みやスキルに応じて生成AI、kintone、RPA、デ

▌デジタル化推進室の体制

〈デジタル化推進室　3つの機能〉

推進：現場部門へのデジタル化企画提案、プロジェクトマネジメント
開発：生成AI・ローコード・RPAを駆使したアプリ開発、現場開発者の開発支援、アプリ・RPAの運用保守支援
教育：全社向けのデジタル教育プログラムの構築、実行

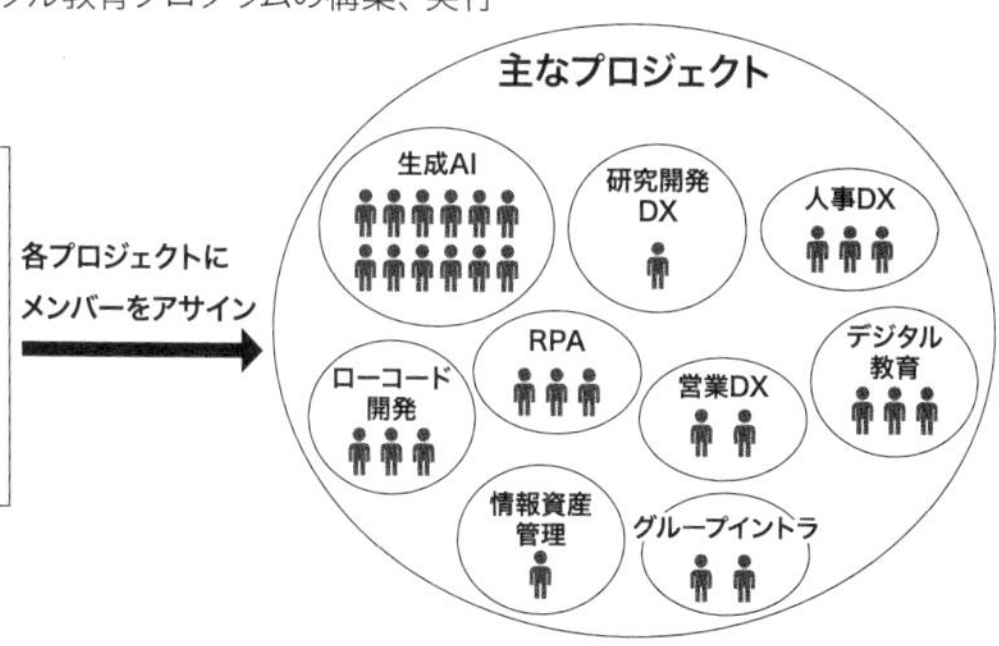

ジタル教育などの各プロジェクトにアサインしています。

デジタル化推進室の行動方針は「楽しく！ワクワク！働こう」。社員が楽しみながらデジタル化に取り組んでもらうためには、まずは自分たちが楽しまなければならないと考えています。楽しさが伝わるように、当社デザインルームのデザイナーにロゴを制作してもらいました。モニターの画面にロボットやクラウドがパズルのように組み合わさっている絵なのですが、ＵｉＰａｔｈやkintoneで開発している様子を見た人の「ドラッグ&ドロップの開発ってパズルを組み立てているみたいですね」という言葉がヒントになっています。みんなで楽しくパズルを組み立てるように、ＲＰＡやアプリを楽しく作っていきましょう、という思いを込めています。ＤＸやデジタル化というと、どうしても難しいものだと思われてしまいがちで

デジタル化推進室のロゴ

すが、誰もが楽しくチャレンジできる環境を整えていきたいと考えています。

デジタル化に積極的に取り組む組織文化の醸成や、社員の自分ごと化を促進するため、社内広報にも力を入れています。日清食品の営業部門でデジタル化を推進するプロジェクトを立ち上げた時には、全国8ブロックのセールスを全9回の特集で取り上げ、メンバーやオフィスの雰囲気の紹介、取り組みの内容やプロジェクトへの思いなどを語ってもらいました。頑張ってくれている人にスポットライトを当てることができてよかったと思いますし、出てくれた社員もとても喜んでくれていました。

業務部門でデジタル化を推進する社員からも、さまざまな声をもらっています。最初は難しいと思っていても、習熟すれば自分たちでアプリやRPAを開発・運用できる、プログラミングの専門知識がなくても自分でアイデアを形にでき、ニーズの変化に合わせて修正できる、というメリット。デジタルという言葉自体が苦手だったが、最近ワクワクしながらデジタル化に取り組んでいる、アプリやRPAがうまく動いた時が楽しく、もっと学びたいという意欲。デジタル人材として期待されることのうれしさ、自分たちで作った仕組みを喜んでもらえた時に感じるやりがい。業務を見直す視点が持てるようになった、他チームと勉強会を開いたり、知識を共有したりするようになったといった姿勢の変化など、現場で開発を推進することのメリットを感じている人も多いようです。一方で、対象業務を選定する必要がある、業務の見直しが重要でRPAやローコード開発は手段の一つであるという指摘もありますが、現場の社員がこれに気づいて取り組みを進めていけるというのは、良いことだと思っています。

推進リーダー育成のために自身の経験を体系化

現場主導でDXを推進するにあたり大きな課題となるのが人材の育成です。社内アンケートの結果でも、DX推進にあたって一番困っていることは「推進できる人材やITスキルが足りない」ということでした。

人材の育成にあたっては、まず、推進リーダーの育成に注力しようと考えました。リーダーが正しくプロジェクトを推進できれば、プロジェクトの成功確率が上がり、新しいテクノロジーの導入を加速できます。そのために開発したのが、「8つの重点領域、39カ条のチェックリスト」です。これは私自身が関わってきたプロジェクトでの成功・失敗事例から、新しいテクノロジーの導入を成功に導く方法論を独自に導き出したものです。

〈8つの重点領域〉

①推進メンバーのモチベーション向上

②業務調査・施策立案
③業務設計・開発
④ユーザー展開
⑤プロジェクト計画
⑥組織全体の巻き込み
⑦プロジェクト管理
⑧外部の知見活用

最初に挙げた「推進メンバーのモチベーション向上」はプロジェクト推進の原動力となるため、最も重要なものとして位置付けています。②から④までは、業務改善をアジャイルに進めていくための基本サイクルです。小規模なプロジェクトであれば、ここまでをきっちりやれば成功できます。大規模なプロジェクトになると、⑤から⑧が重要になってきます。

8つの重点領域ごとに具体的なチェック項目に落とし込んだのが39カ条のチェック項目です。それぞれのチェック項目に対して「活動ランク」としてランク1から3までを定義し、ランク1は5点、ランク2は3点、ランク3は0点と点数化します。推進リーダーはこのチェックリストを使って自己採点することで、自身の強みと弱み、改善点を明らかにできます。また、

■8つの重点領域とスコアリング

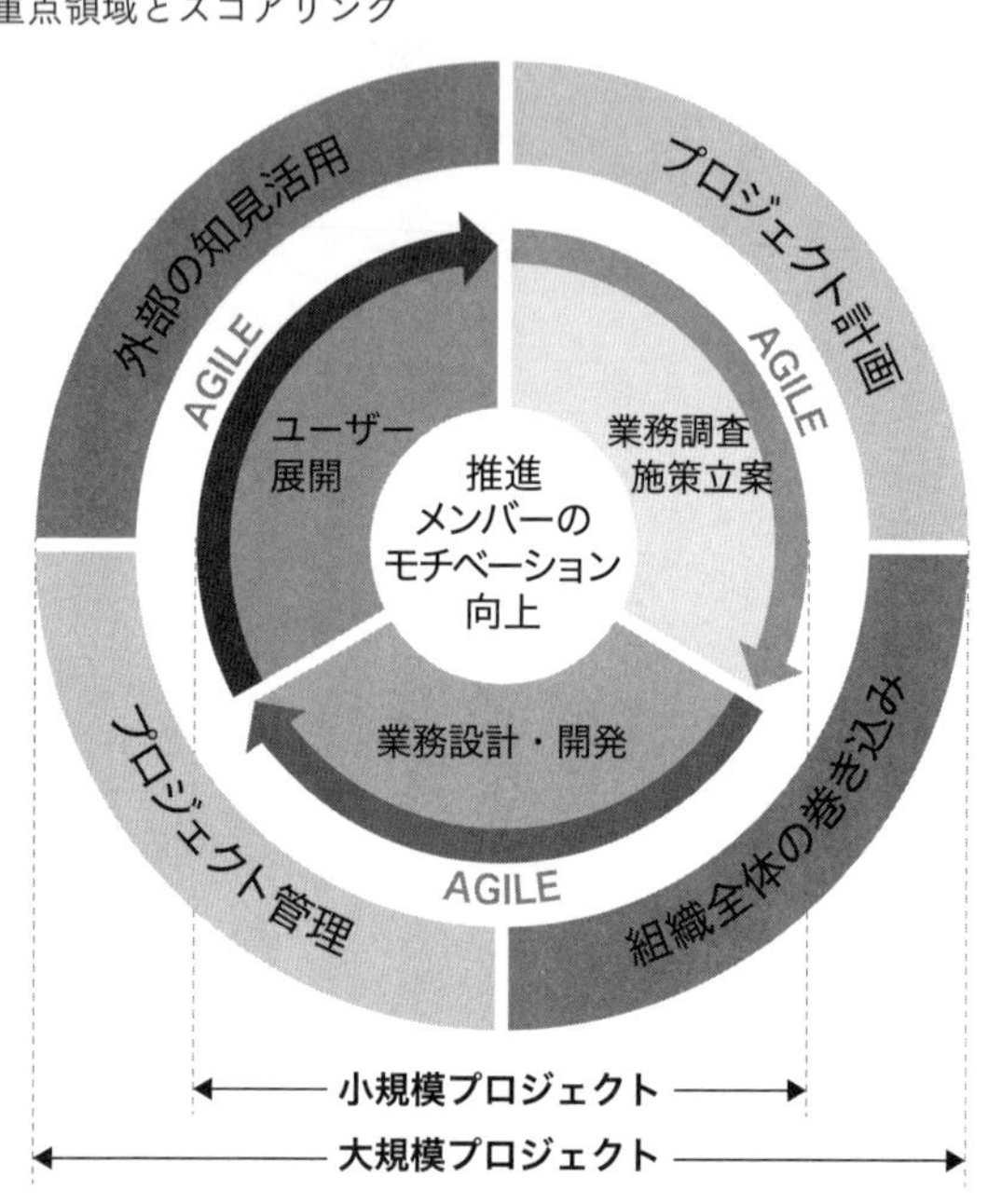

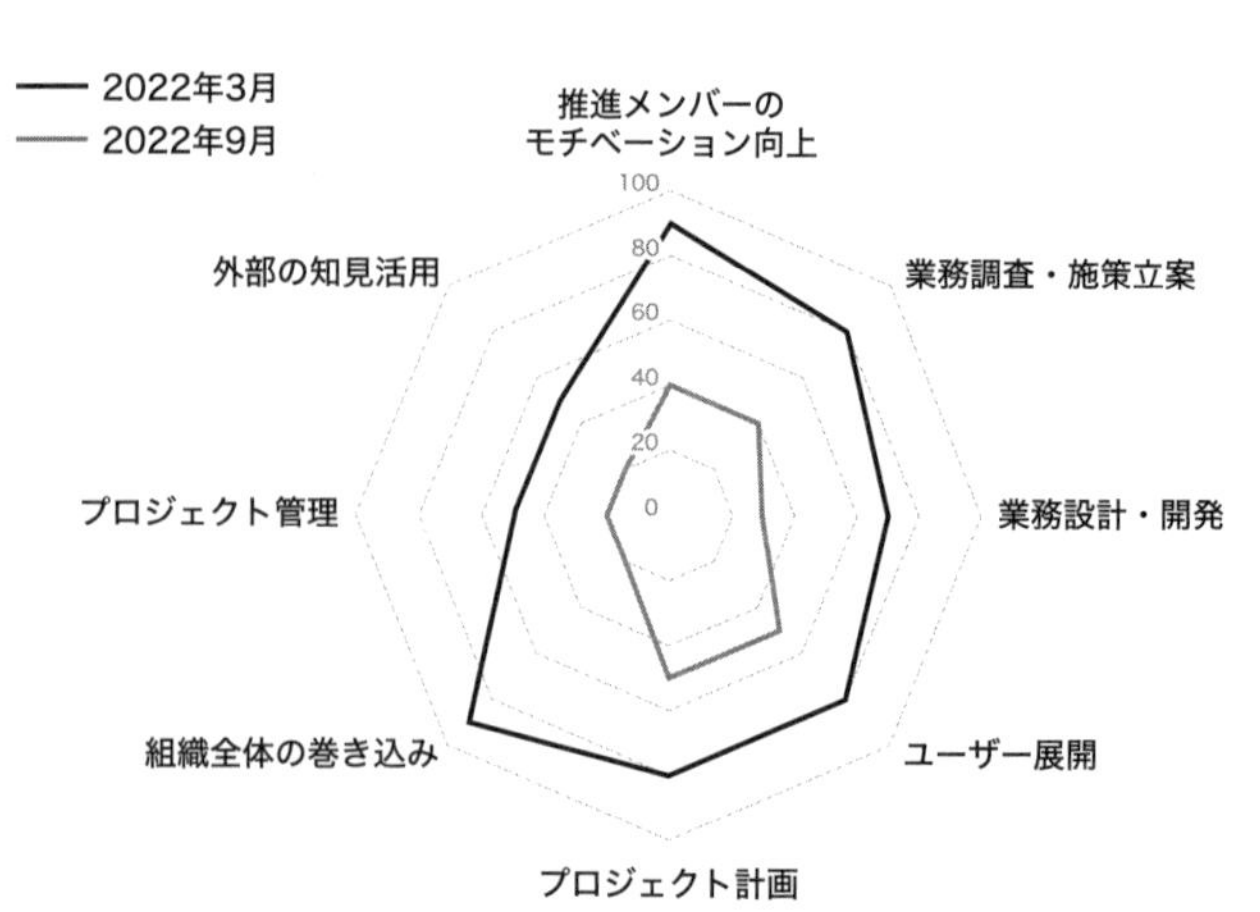

推進リーダーの活動を後押しするための標準フォーマットも28種類整備しており、チェック項目ごとに使用する標準フォーマットを対応させています。

例として、「改善候補業務が洗い出せているか」というチェック項目について説明します。このチェック項目には、「業務調査票」「マンダラチャート」「アイデア創出ブレストマニュアル」という3つのフォーマットが対応しています。

「業務調査票」のフォーマットは、業務名、概要、頻度、作業時間などのよくあるフォーマットなのですが、「何が改善業務になるのか」を洗い出すところが一番の肝になります。そのために、「もっとこうしたい」という要望や「これが面倒、やめたい」という不満が「改善候補業務」になるので、制約なしでまずは出してみよう、というガイドを与えています。「マンダラチャート」はロサンゼルス・ドジャースの大谷翔平選手が高校生の時から目標達成シートとして活用したことで有名ですが、これも改善業務候補の洗い出しに使います。「マンダラチャート」の中心に「仕事の非効率な点、業務改善したいこと、面倒なこと」と記載し、その周囲に連想される「もの」「こと」「場所」「技術」に関する8つのキーワードを記入します。記入したキーワードを外側の中心に記入し直し、その周囲に連想されるキーワードをさらに記入していくことで発想を広げ、改善候補業務を洗い出します。この2つを活用して改善候補業務を選定できていると、活動ランク2（3点）となります。

マンダラチャートの例

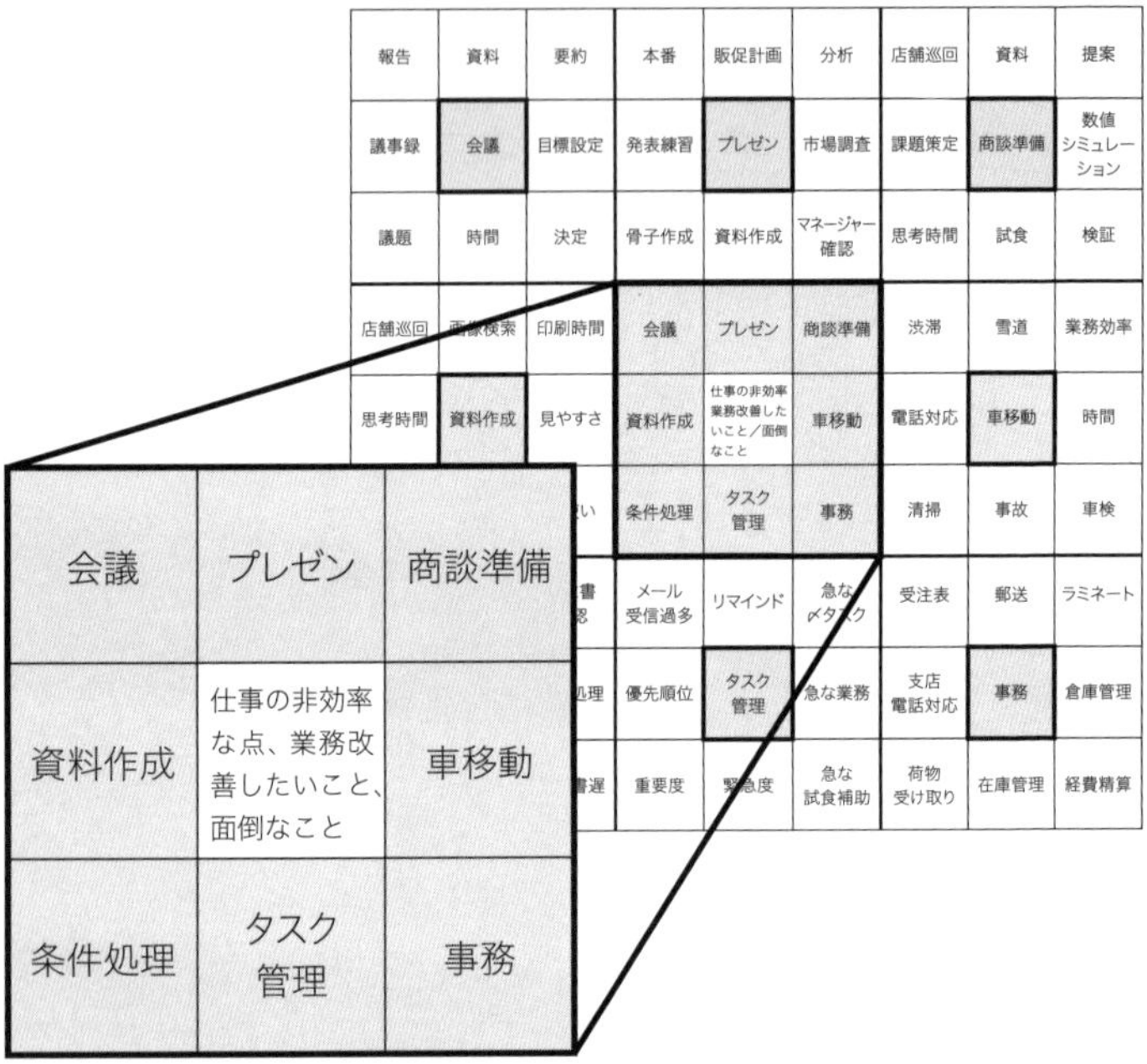

報告	資料	要約	本番	販促計画	分析	店舗巡回	資料	提案
議事録	会議	目標設定	発表練習	プレゼン	市場調査	課題策定	商談準備	数値シミュレーション
議題	時間	決定	骨子作成	資料作成	マネージャー確認	思考時間	試食	検証
店舗巡回	画像検索	印刷時間	会議	プレゼン	商談準備	渋滞	雪道	業務効率
思考時間	資料作成	見やすさ	資料作成	仕事の非効率業務改善したいこと／面倒なこと	車移動	電話対応	車移動	時間
		い	条件処理	タスク管理	事務	清掃	事故	車検
		書 認	メール受信過多	リマインド	急な〆タスク	受注表	郵送	ラミネート
		処理	優先順位	タスク管理	急な業務	支店電話対応	事務	倉庫管理
		書遅	重要度	緊急度	急な試食補助	荷物受け取り	在庫管理	経費精算

会議	プレゼン	商談準備
資料作成	仕事の非効率な点、業務改善したいこと、面倒なこと	車移動
条件処理	タスク管理	事務

① 連想される“もの”“こと”“場所”“技術”に関するキーワードを記入

マンダラチャート

報告	資料	要約	本番	販促計画	分析	店舗巡回	資料	提案
議事録	**会議**	目標設定	発表練習	**プレゼン**	市場調査	課題策定	**商談準備**	数値シミュレーション
議題	時間	決定	骨子作成	資料作成	マネージャー確認	思考時間	試食	検証
店舗巡回	画像検索	印刷時間	**会議**	**プレゼン**	**商談準備**	渋滞	雪道	業務効率
思考時間	**資料作成**	見やすさ	**資料作成**	仕事の非効率な点、業務改善したいこと、面倒なこと	**車移動**	電話対応	**車移動**	時間
コピー機故障	作成時間	色使い	**条件処理**	**タスク管理**	**事務**	清掃	事故	車検
手入力	社外連絡	請求書確認	メール受信過多	リマインド	急な〆タスク	受注表	郵送	ラミネート
エクセル	**条件処理**	翌月処理	優先順位	**タスク管理**	急な業務	支店電話対応	**事務**	倉庫管理
条件チェック	数量チェック	請求書遅	重要度	緊急度	急な試食補助	荷物受け取り	在庫管理	経費精算

② ①で記載したキーワードを外側の中心に記入し、その周囲に連想されるキーワードを記入

活動ランク1（5点）では、さらに1段階進んで、業務担当者の潜在的なニーズを引き出して改善業務候補を見つけることが求められます。そのために整備したのが「アイデア創出ブレストマニュアル」です。心理的安全性を重視し、自由な意見を出しやすいブレストを実施するための手順をまとめています。事前準備からブレストのファシリテーションの方法、結果の取りまとめ方のフォーマットまで作り込んであり、最後は課題と施策例を対応させた課題・改善施策検討シートに落とし込めるようになっています。

推進リーダーが自己評価するためのチェックリストアプリもローコードで開発しました。現在はデジタル化推進室で使い始めており、2024年からは後ほど説明する「NISSIN DIGITAL ACADEMY」で全社に展開していきます。

「ITスキル不足」の問題に対しては、まず、RPAやローコード・ノーコード開発に必要なスキルをスキルマップとして定義し、スキルマップの達成度合いに応じて初心者・初級者・中級者の3段階にレベル分けしました。RPAとローコード・ノーコードツールそれぞれに、レベル別の教育プログラムを整備して、未経験で自信がない人でも着実にITスキルを身につけられるようにしています。また、本業で忙しくまとまった時間が取れない社員には、ポータルサイトで動画や学習教材、AIチャットボットによるQ&Aなどの学習コンテンツを提供しています。

学習のモチベーションを高めるために、初級・中級のスキルを身につけた社員は社内資格試験にチャレンジできます。合格者は社内人材データベースに登録します。２０２４年４月時点では、ＵｉＰａｔｈとkintoneの社内資格を認定しており、資格試験の対象となるツールを追加することも検討しています。

全社人材育成プログラムに「NISSIN DIGITAL ACADEMY」を新設

日清食品ホールディングスでは、全社の人材育成プログラムとして「NISSIN ACADEMY」を開講しています。そのプログラムの一つとして「NISSIN DIGITAL ACADEMY」を２０２４年に新設し、これまでに紹介したようなＲＰＡ、ローコード・ノーコードの人材育成の取り組みも含めたデジタル教育全体のプログラムを統合しました。社内スローガンも「DIGITALIZE YOUR ARMS（デジタルを武装せよ）」へとリニューアルしました。ビジュアルも、自ら積極的にデジタル技術を使いこなし、従来の考え方や枠組みを超えて新しいアイデアを生み出すような、活動的で躍動感のあるものに進化させています。初年度はデジタルリテラシー、アプリ活用、システム開発、データサイエンス、生成ＡＩ、デザイン思考、プロジェクトマネジメントの7テーマ38講座を提供します。ＲＰＡやアプリの開発者育成プログラムは

「システム開発」、推進リーダー育成は「プロジェクトマネジメント」のコースで今後は推進していくことになります。

生成AIをいち早く全社展開、自動化の高度化にも着手

新しいテクノロジーの中でも特に注目しているのが生成AIです。当社でも、日清食品グループ専用のChatGPT環境「NISSIN AI-chat」を2023年4月にPC版とモバイル版でリリースしました。入力した情報が外部に漏えいする心配なく、安心して利用できます。

グループ20社の約4600名に展開しているのですが、当初はなかなか浸透しませんでした。なぜ使わないのか、社員に聞いてみると、「便利なのはわかるけど、業務の中でどのように使えばいいのか、使い方のイメージが湧かない」ということでした。

そこで、グループ内で影響力のある部署で成功事例を作り、そこから全社に広げていく作戦を取ることにしました。最初に取り組んだのが、日清食品の営業部門です。全国8拠点からプロジェクトメンバーを選抜し、セールス業務への活用検討をスタートしました。まず、「マンダラチャート」を使って「NISSIN AI-chat」を活用する対象業務を洗い出しました。その結果、たくさんのアイデアが集まり、売り場企画の案出しや資料作成、市場調査など約30業務で

▌旧社内スローガン（上）と新社内スローガン（下）

「NISSIN AI-chat」を活用することを決めました。次に行ったのが、対象業務で使用するプロンプトテンプレート（「NISSIN AI-chat」への指示文のひな型）の作成です。ひな型を活用すれば、誰でも「NISSIN AI-chat」から高いクオリティーの回答を得ることができると考えたからです。２０２４年４月現在、各部門の業務に合わせたプロンプトテンプレートは１５０種類以上あり、日清食品グループ全体で活用できるようにしています。また、現場の声を積極的に吸い上げ、プロンプトテンプレートやシステムを日々改良しています。

今後の生成ＡＩの活用については、２つの軸があると考えています。１つは、社内情報に精通したＡＩの構築です。社内ドキュメントや業務システム内の情報を参照して質問に答えてくれるナレッジベースのような使い方です。すでに、ＩＴ部門の社内問い合わせ業務の効率化や、お客さま相談室の回答業務の支援では利用を始めています。これから広げていきたいと思っているのが、工場における是正措置ナレッジの有効活用です。工場でライントラブルが起きた時に、原因、応急処置、再発防止処置などを是正措置報告書としてまとめるのですが、これをデータベースに蓄積することで、ラインでトラブルが起きた時に是正措置報告書のドラフトを生成ＡＩが回答してくれる仕組みを構築しています。同様のことがさまざまな部署に応用できると思っていて、例えばタレントマネジメントでは、データベースに全社員の人事情報とジョブディスクリプションを入力しておくことで、新規事業立ち上げ時にＡＩがマネージャーポストに適した人材をグループ全社から探してランキング形式で表示するようなこともできるかもしれません。また、今、データサイエンス室で進めているのが、あらゆる業務システムのデータを一元的に集約した全社統合データベースの構築です。ＡＩがこのデータベースを参照して回答を生成することができれば、より多様で広範囲な活用が可能になると考えています。

もう一つが、ＡＩの利用を前提とした業務プロセスの構築です。例えばＲＰＡと生成ＡＩを組み合わせると、人間の自然言語による依頼を、生成ＡＩがＲＰＡに解釈できるコマンドに変換して、ロボットがシステムを自動で操作することができます。今までだと、製品在庫を調べるのに人間がＳＡＰで条件を入力して検索しないといけなかったのが、「シーフードヌードルの在庫を教えて」とチャットで入力すると、チャットの返答としてＳＡＰを検索した結果が戻ってくるようなことが可能になります。

現在、開発しているのは、オンライン受注業務を生成ＡＩとＲＰＡで支援する仕組みです。日清食品では、お客様からの注文データに含まれている商品コードを、変換表を使って社内で利用している商品コードに変換し、受注データとして登録する一連の業務を自動で行っています。しかし、新商品やリニューアル品など、変換表に商品コードが登録されていない場合はエラーが発生するため、人手で対応する必要がありました。このエラー発生時の対応に生成ＡＩとＲＰＡを活用することで、①エラー情報の取得、②変換先品目の自動提案、③変換表の更新、

④変換先品目による受注データのアップデートを一気通貫で行い、業務工数を大幅に削減しようとしています。こちらは、間もなく本番運用を開始する予定です。生成ＡＩのユースケースの中で、ＲＰＡをつなぎ役とした自動化は活用できる場面が多いと考えていますので、今後も積極的に取り組んでいきたいと考えています。

この他にも、デザインの初期検討段階で画像生成ＡＩを方向性の案出しに活用したり、Microsoft 365アプリに生成ＡＩを搭載した「Microsoft 365 Copilot」の導入を進めたりしています。

組織文化と意識改革が可能にしたスピード感

２０２３年４月にリリースした「NISSIN AI-chat」ですが、多くの企業から「なぜこんなに早く導入できたのか」と尋ねられます。

これが可能になったのは、やはり「ＤＸは全社員が自分ごととして取り組むべき課題」だと経営トップ自らが発信し続けてきたからです。そのことで現場の意識が変わりました。最初は「ＲＰＡって何？」「なんでＩＴ部門じゃなくて業務部門がやるの？」という状態だったのが、今は新しい技術を積極的に学び、活用するという文化が現場に根付いています。手作りの「ロボテリア」から始まった活動の総決算として花開いたのが「NISSIN AI-chat」なのかもしれません。あのイベントがなかったら今頃全然違うことをしていたのかもしれないと思うことがあります。

生成ＡＩも、ＲＰＡも、ノーコード・ローコードも、まだまだ進化すると思っていますので、今後も最新技術を積極的に活用し、社内のデジタル武装を推進していきます。

第二章

［特別寄稿］一般社団法人　次世代 RPA・AI コンソーシアム（NRAC）
会長　長谷川 康一

「自動化の壁」を生成 AI で越える

1. RPAの日本上陸から7年たった、自動化の現在地

(1) 国内におけるRPAによる自動化の取り組み(インタビュー振り返り)

第一章では、国内で業務の自動化に取り組まれて素晴らしい実績を出している11の企業・組織の方に、その取り組みについて語っていただきました。業種、業態、組織の規模は様々ですが、これらの事例は、現場を主役に考えて自動化を考えておられる方の参考になると思います。

先頭に立って自動化の旗を振っている方のお話は、迫力としみじみ感がありました。やり方はそれぞれの状況次第とはいえ、他人任せではなく自分ごととして自動化を捉え、熱意を持って周囲を巻き込んでいくことが成功のためには必要だということを改めて感じました。

インタビューの中で印象的だったのが、皆さんが自動化によって生産性向上以外にもさまざまな効果を感じていることです。自動化の導入の目的として業務の効率化や工数の削減による生産性の向上が一番に挙げられますが、それだけでなく仕事そのものの捉え方や、働き方や仕事への意識が自動化への取り組みで変わったという声が多くありました。具体的な例をご紹介しましょう。

- 「ＲＰＡで、既存業務を自動化するだけでなく、自動化によって仕事のやり方を少し変えるＤＸが実現できた」（トヨタ自動車パワートレーンカンパニー、倉持氏）
- 「ＢＰＲを始めるまでは、『システムに入力することが仕事』の一つなので、業務が大変だと思っても『やめよう』という発想はありませんでした。（中略）ＲＰＡで何ができるかを知っていれば『そもそもその入力は人がやる必要ないよね、ＲＰＡでやればいいよね』という発想ができ、一気にタイムが縮まります」（塩尻市、伊藤氏）
- 「ＲＰＡに限らず、仕事をソフトウエアに任せるという発想ができるようになったのは、ＤＸプロジェクトにおける大きな収穫」（慶應義塾大学ＡＩ・高度プログラミングコンソーシアム、田島氏）
- 「各自が業務改善に取り組む土壌が社内にできてきた」（丸喜産業、小薗氏）
- 「業務改善は定量的な効果よりも定性的な効果が重要だと思っていて、皆さん楽になると顔が本当に明るくなる」（パーソルテンプスタッフ　ＲＰＡアソシエイツ、田畑氏）
- （自動化の効果は）「『今まで大変だった、やりたくなかった仕事をやらなくてよくなった』という定性的な効果のインパクトがものすごく強いな」（中外製薬　佐藤氏）
- 「ロボットに出会って、著しくキャリアが変わる人がいるのがとても魅力的」（三井住友カード、渡邉氏）

- 「心に余裕ができると、他の部署の作業にも気付けるようになる。この作業は業務を少し変えたら自動化できるんじゃないかな？ということに気付いて、積極的に助けに行けるようになった」（Ｔｅａｃｈ　Ｆｏｒ　Ｊａｐａｎ、平野氏）
- 「業務をよく知るスタッフが長く働きやすい環境をつくるために、仕事のやり方を見直しながら自動化を進めていくのは一つの方法だと思います」（たにあい糖尿病・在宅クリニック、谷合氏）

インタビューを読んで私が感じたのは、進め方で特に大事なのは、「周囲を巻き込み、仲間をつくること」であるということです。自動化の必要性を感じて取り組むリーダーのもと、推進力を持つＣｏＥ（Center of Excellence）が組織されて取り組みを支援し、現場の方々を巻き込み、進めているケースもあれば、自動化の必要性を感じた現場の人がＣｏＥの助けを借りたり、周囲の人や更には経営層を巻き込んで　仲間を作り、助けを受けながら自ら自動化を進めたりしているケースもありました。共通するのは「キーパーソンとなる人が創意工夫を凝らして周囲を巻き込み、周囲の人も共感することで、組織の中に自動化の輪が広がっていく」ということでした。

今回、お話を聞いた方々からは、とても熱意が伝わってきます。インタビューでは、自動化によって無駄を省きたい、本来すべき仕事に集中したいという思い、あるいは苦労している周囲の人の仕事を助け、すべき仕事に集中させてあげたいという強い思いが、組織を動かし、導入プロジェクトの課題、テクノロジーツールの課題、組織の課題を克服していく様子が克明に描かれていました。ツールを導入するだけでは、現場が自らすぐ使いこなせてロボットを使った自動化が広がっていくということにはなりません。中心になる人が自ら自動化に取り組み、成功することで、周囲の人にもその良さが伝わり、意識が変わってさらに自動化の輪が広がるという良い循環が出来上がっています。インタビューをさせていただいた各社の皆さんが現場で輝く様を感じました。

また、今回お話を聞いた中でも印象的だったのが、自動化を進める手法がノウハウとして体系化され、社内で共有を進めている事例がすでに多く存在していることでした。2つ例を挙げると、日清食品ホールディングスは、担当者ご自身の経験をもとに、自動化プロジェクトを推進するリーダーがするべきこととツールを「8つの重点領域、39カ条のチェックリスト」として体系化し、人材育成に活用されています。東京電力エナジーパートナーも、社内のいくつかの部署で自動化プロジェクトを成功させ、その「型」を全社に横展開することで一気に自動化事例を増やしています。その結果、働き方が変わり、会社が変わっていくことが伝わってきました。

ＮＲＡＣとして、11の事例及びそこからの学びを広く普及することの重要性を感じます。

（2）国内企業の現状と欧米の先進事例

ＲＰＡの日本上陸から7年が経過し、ＲＰＡで自動化に取り組む企業は増えてきました。ＩＴＲの『国内ＩＴ投資動向調査報告書２０２４』によれば、２０２３年の国内の企業におけるＲＰＡの導入率は35％（「わからない」の回答を除外した場合）となっています。この本を手に取る読者の皆さんの多くはＲＰＡについて聞いたことはあるでしょう。自社や知人の会社でＲＰＡを導入されているという方も多いのではないでしょうか。

一方で、全社のレベルで活用が進んでいるという会社は導入企業の13％にすぎません。ＲＰＡを自社で導入しているという方であっても、自動化で会社全体の景色が変わりつつあると実感できている人は決して多くないと思います。私たちにも、「ＲＰＡを導入はしてみたものの、現場のユーザーによる市民開発はうまくいかずに諦めた」「ロボットのメンテナンスが大変で、社内で広く普及できていない」という声が聞こえてきます。

２０１７年にＲＰＡが日本に上陸した時、働き方改革の大きい流れの中で、今まで難しかったホワイトカラーの生産性向上を目的に多くの日本企業がＲＰＡを導入しました。成功事例も生まれており、当時、「日本はＲＰＡ先進国」と世界から注目されて、優れた事例が日本から発信されていました。むしろ世界が日本から学んでいるほどだったのです。

しかし２０２０年以降、欧米企業ではＡＩとＲＰＡを中心にさまざまなデジタルテクノロジーをうまく組み合わせて、全社レベルでの自動化（広く「Automation」と呼称される）を発展させ、よりうまくＲＰＡを使いこなして全社レベルの業務の最適化と生産性の向上を実現する自動化を行っています。

私たちＮＲＡＣは、日本におけるＡＩとＲＰＡの連携がもたらす価値の実現を目指し、ＡＩを活用した自動化のビジョンの普及・実現を目指し活動しています。その観点から、「Automation」に着目しつつ、更に生成ＡＩのインパクトを交えて、自動化の未来について考察を進めたいと思います。

2．ＡＩ×ＲＰＡが描く「新しい自動化」と3つの壁（生成ＡＩの出現の前に）

（1）ＮＲＡＣが提唱する新しい自動化：Intelligent Process Automation（ＩＰＡ）

ＮＲＡＣは、ＡＩとＲＰＡ（頭脳と行動）の組み合わせによる新しい自動化を提唱してきました。

２０１９年、ガートナーは「ハイパーオートメーション」という概念を発表しました。ハイパーオートメーションは、ＲＰＡをはじめとして、複数の機械学習（ＭＬ：Machine Learning）、パッケージ・ソフトウエア、自動化ツールなどを組み合わせて、人の作業を模倣し、作業をつなげて、そのつながりを実行する概念とその手順、実装だとＮＲＡＣは理解しています。

従来の自動化とハイパーオートメーションが異なる点は2つあります。一つは、ＲＰＡの出現やＡＩの進化により、現状のＩＴアプリケーション（以下アプリケーション）資産を生かして自動化を容易にする技術が定義できたことです。もう一つは、「自動化の手順（発見、分析、自動化、測定、モニタリング、再評価）そのものも、発見におけるプロセスマイニングのような新技術の適用により実践できる」とした概念であることです。

私たちＮＲＡＣは、ハイパーオートメーションを構成するツールの中でも、ＡＩとＲＰＡの技術により焦点を合わせて「新しい自動化」を提唱しています。ＡＩを頭脳、ＲＰＡを神経系として、ＡＩがＲＰＡを通じて、アプリケーションの操作を自動化することで、今のアプリケーション環境を活用して、さらにこれまで自動化できなかったラストワンマイルを、効果的に自動化できると考えています。これをＮＲＡＣではＩＰＡ（Intelligent Process Automation）と定義していますす。（ＩＰＡはエージェンティックオートメーションへと進化しますがそれはこの章の4で詳しく説明します）

組織内にはさまざまなアプリケーションがあります。組織ごとに独自で開発したアプリケーション、ＳＡＰのようなＥＲＰ、SalesforceのようなＣＲＭ、Ｅメール、スプレッドシートの様な汎用アプリケーションなどです、またＡＩセンサーや、物理ロボットもアプリケーションを通じてつながります。それらは、オンプレミスで、またはクラウド上で動き、また適時アップグレードされていきます。

ＡＩと組織内のさまざまなアプリケーションの間をＲＰＡがつなぐことで、人間が脳からの指示を、神経系を通じて体の部位が受け取り、行動するように、ＡＩからの指示をＲＰＡを通じてアプリケーションが受け取り、アクションすることができます。ＲＰＡとアプリケーションの間のインターフェースには　ユーザーインターフェイス（画面、以下ＵＩ）だけでなくアプリケーション・プログラミング・インターフェイス、（以下ＡＰＩ）も用いられます。アプリケーションからのアウトプットをＡＩがインプットとして受け取ることで、その結果を元にさらに新たな指示を出せることで自動化の可能性が広がり、生産性は圧倒的に上がっていきます。

ＡＩとＲＰＡの２つのテクノロジーを組織のさまざまなアプリケーションと接続し、現場が活用し、組織全体で使いこなして日本の現場が元気になることが、日本の生産性を高める鍵だと私たちは信じています。

（２）新しい自動化を阻害する３つの壁

しかし実際に「新しい自動化（ＩＰＡ）」を社内に導入しようと思うと、いくつかの壁が存在します。

新しい自動化の壁① 誰でも作って使えるまでに至っていないＲＰＡ

１つ目の壁は、ＲＰＡでロボットを作り、管理する人が限られていることです。その理由は、以下の３つの難しさにあります。

「新しい自動化」の概念図

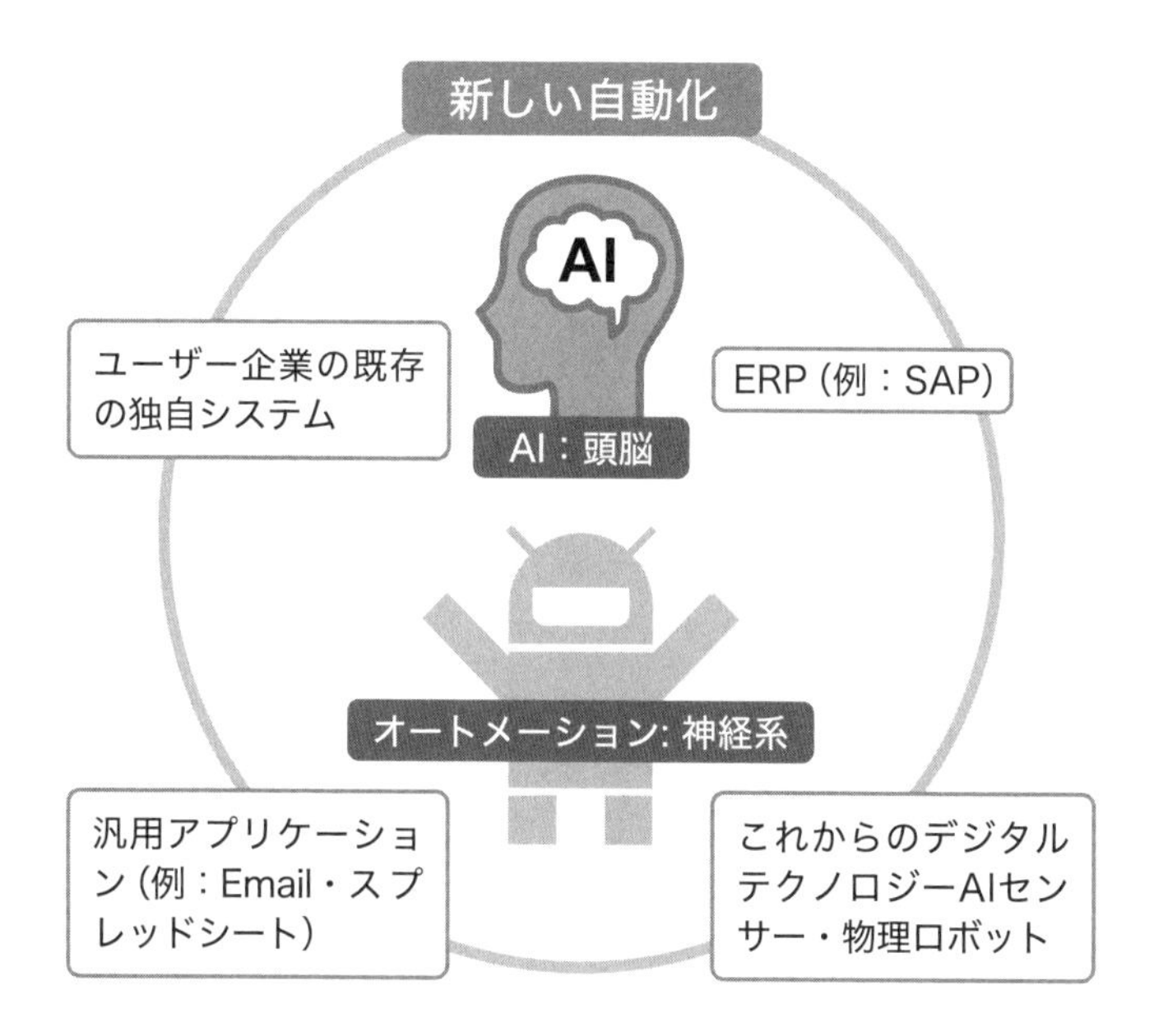
新しい自動化
AI
ユーザー企業の既存の独自システム
ERP（例：SAP）
AI：頭脳
オートメーション: 神経系
汎用アプリケーション（例：Email・スプレッドシート）
これからのデジタルテクノロジーAIセンサー・物理ロボット

ワークフロー作成の難しさ

自動化を進めるためにはまず前段階として、対象業務を整理し、RPAのワークフロー（RPAでロボット＝ソフトウエアロボット＝に実行させる業務の流れを記述したもの）を作成する必要があります。現場の業務を知っている人であってもそれを整理し、「ワークフロー」として表現することは、訓練を受け、経験を積まない人には難しい作業です。

ロボット作成の難しさ

RPAはプログラミングのスキルがなくてもロボットを作ってUIにアクセスして自動化ができるツールですが、それでも、特にパソコン作業に慣れていない人には　ツールの使い方を覚えることがハードルになっています。

ロボット修正の難しさ

また、ひとたびロボットが動いても、その保守にかかる時間と手間とコストが大きな負担になるというケースもあります。ロボットは、既存のアプリケーションを変更することなく、UIをアクセスして人の代わりに入力や、情報の取り出しを行ってくれますが、一方、業務の流れや、アプリケーションの大幅な変更やアップグレードによりUI情報の追加や、大規模なレイアウト変更があればそれに対して変更をする必要があります。この管理について、管理手法を設計時から確立していない場合は特に、この修正対応に時間がかかり、それが大規模に展開しようとする場合の大きな課題になります。

新しい自動化の壁② 専門知識が必要で敷居が高いＡＩ

２つ目の壁は、ＡＩそのものがビジネスの現場にいる人が扱えるものではなく、専門家に頼む必要があったということです。

ＡＩに学習させ、モデルをチューニングするためには、データサイエンティストという専門の人材が必要です。ＡＩに学習させる教師データを作るのにもデータサイエンティストの知見は必要です。元になるデータを収集し、モデルとデータの相関を分析するにもやはりデータサイエンティストの知見が必要となります。

「新しい自動化」が目指すのは、ＩＴの専門家がビジネスを理解して新しいアプリケーションを構築することではなく、今ビジネスの現場にいる人が、今の現在のアプリケーションを活用しながらＡＩとＲＰＡのデジタルテクノロジーを融合させて自動化を進めることです。しかし現実には、ＡＩとＲＰＡの活用にハードルがあり、更にこの２つを組み合わせての現場への導入はなかなか難しいという課題があります。

新しい自動化の壁③ 適応できない組織文化と人材

1つ目と2つ目は技術の壁でしたが、3つ目は組織文化と人材の壁です。

組織文化でよく聞くのが、現場の人たちが自動化を「ＩＴ部門の仕事」と考え、自分ごと化してくれないという状況です。特に日本は欧米に比べてこれが顕著であるように感じます。

ホワイトカラーの業務において、デジタルはビジネスの一部として活用するものから、ビジネス全てがデジタルに移行しつつあります。その中で、現場が自ら自動化を進めることが、成功の要因であることは1章で紹介した11の事例からも明快です。

一方で、実際に推進しようとした時に、ＲＰＡやＡＩのスキルを持っている人材がいないということもよくあります。スキルを身につけようにも現場が忙しすぎて、通常の業務に加えスキルの取得に取り組む余裕がつくれないケースも多くなっています。

3．生成ＡＩが自動化にもたらすブレイクスルー

（1）ＡＩを圧倒的に身近にした生成ＡＩ

２０２３年以降、生成ＡＩは急速にビジネスの現場に浸透しつつあります。２０２４年8月29日のＯｐｅｎＡＩの発表によれば、ChatGPTの週間アクティブユーザー数は2億人（前年比2倍）に達しています。かつてこれほどの速度で普及した技術はなかったのではないでしょうか？

生成ＡＩの革新性は、使いやすさの壁が圧倒的に下がったことです。専門家による学習やチューニングが必要なこれまでのＡＩと違って、生成ＡＩは最初からある程度の知識を備えています。専門知識が必要な場合は、関連性の高い情報を外部データベースや特定のドキュメントから検索し、その情報を参照しながら回答を生成するＲＡＧ（Retrieval Augmented Generation）という技術を用いることで、外部の知識を取り入れることもできます。日常使っている言葉で、チャットで話しかけるだけで、文脈を理解してさまざまな質問に答えてくれる生成ＡＩを、多くの人たちが「これなら自分にも使える」と感じて、自分の業務に生成ＡＩの活用を考え、実際に試しています。

いま、ビジネスにおける生成ＡＩの活用事例の多くは、文書の理解や作成を助けるものが主です。長文の論文や資料の内容を、生成ＡＩはあっという間に理解し、要約を作成してくれます。文書の作成も生成ＡＩは得意です。メールやプレゼンテーション資料を作成する時は、箇条書きで要点を伝えるとたたき台を短時間で作成し、ブラッシュアップのための〝壁打ち〟の相手も務めてくれるので、完成までの時間が圧倒的に短縮されます。音声も理解できるので、会議に生成ＡＩを参加させれば、その場で内容を理解し、議事録を作成してくれます。英文メールのやりとりも、生成ＡＩの助けを借りれば楽にこなせます。

ホワイトカラーの業務に必要な能力を生成ＡＩが補い、業務の一部を自動化することで、個人の能力が底上げされることを、多くの人が実感しています。経営者や現場の人たちにとって、これまでは「すごそうだけど自分の仕事に役立つには距離感を感じていた存在」だったＡＩが、自分で触れて業務に活用できる生成ＡＩによって、「圧倒的に身近で、自分の仕事に役立つもの」に変わったのです。

（2）生成AIができることを増やすRPA

生成ＡＩは日常業務の中でも言語や文脈の理解を必要とする仕事の多くを自動化し、生産性を向上してくれます。しかし、オフィスの業務はそれだけではありません。

日常の仕事の多くは、人との会話、メールやチャットの内容を起点として情報を判断し、アプリケーションを操作して、そこから結果を得るという流れで進みます。その結果をさらに別のアプリケーションに入力したり、他の部署にメール等で連絡したりすることで業務が進みます。感覚的には、オフィスの現場の仕事の8割は、人間が情報を目で見て、会話をしながら、判断を行い、さらにPC端末を使い入力や実行指示をしながら行う仕事で占められているように思います。

生成AIだけでこの8割の仕事を自動化することは困難です。なぜなら､生成AI単体では、業務を理解しワークフローを組み立てられても、アプリケーションを操作することができないからです。ならば、アプリケーション操作を自動化できるRPAを生成AIに組み合わせることで、生成AIが自動化できる業務の範囲は飛躍的に広がることになります。

例えば「新製品が発売された時に既存の2000社のお客様にご提案する」という業務をどう自動化できるかを考えてみましょう。本当にやりたいことは、

A－① 2000社のお客様それぞれに対してお客様の特性、取引実績、直近の商談などを考慮してカスタマイズされた提案書を作成する。

A－② ①の提案書をお客様ごとに、お客様に合わせた方法、タイミングで送る
A－③ 特に成約見込みの高いお客様や、重要なお客様には優先して営業担当者がフォローする

という手順になります。しかし、限られた人数の営業担当者のマンパワーでは、まず2000社それぞれにカスタマイズした提案書を作るということが、とうてい不可能です。実際には、

B－① お客様の規模別、業種別などの切り口を決めて3パターンから4パターンの提案書と送付状を作成する
B－② 営業担当者がどのお客様にはどのパターンの提案書を送るかを決め、送付状とともにメールで一斉送信する
B－③ 営業担当者が直近の商談や取引履歴から優先フォローアップ顧客を決めて連絡し、訪問する

といった手順になるのではないでしょうか。

この業務にＲＰＡを導入することで、Ｂ－②の提案書の送付を自動化できます。顧客管理システムから顧客名、メールアドレス等を抽出し、あらかじめ決めたルールに従って送付する提案書を決定し、定型文と共にメールで送信します。「２０００社に対して正しいパターンの提案書とメールを間違いなく送る」という、時間がかかる大変な作業が自動化されることで、営業担当者の生産性は向上します。

では、この業務に生成ＡＩを導入すると、どうなるでしょうか。生成ＡＩが得意なのは、情報の内容を理解して提案書を作成することです。例えば、Ａ社という会社があれば、Ａ社の業種、業績、取引実績、商談履歴などを入力すると、Ａ社向けに最適化された提案書を作成し、適した送付方法とタイミングを提示してくれます。同時に、「Ａ社は昨年の売上上位５％に入っているので営業担当者が優先して連絡をしてください」という指示もしてくれるでしょう。今まで諦めていたＡ－①の手順、「２０００社に個別の提案書を作る」ということが実現できる可能性が見えてきます。

しかし実際にこれを実現するには「２０００社それぞれに対して、業種、業績、取引実績、商談履歴を社内システムやその他の情報源から集めて生成ＡＩに入力する」という作業が必要になります。また、そこをクリアしたとしても、次に「出来上がった２０００通りの提案書を、２０００社のお客様に、生成ＡＩが指示したタイミングと方法で間違いなく送る」という作業が待っています。生成ＡＩは２０００通りの提案書の作成が自動化できても、提案書を作るためのデータ集めや作った提案書の送付は自動化できません。これを営業担当者がやるのはマンパワー的に無理があり、２０００通りの提案書を生かすことは難しいでしょう。

ここにＲＰＡを加えることで、生成ＡＩだけでは実行できない「さまざまな情報源から提案書を作るために必要な情報を集める」「出来上がった提案書を最適なタイミングで送る」というアクションも自動化できます。生成ＡＩにＲＰＡを組み合わせることで、生成ＡＩで自動化できる業務の範囲が広がることになるのです。

（3）生成ＡＩはＲＰＡの活用を助け、自動化を加速する

生成ＡＩは、従来のＡＩでは難しかった「マルチモーダル」な情報処理ができます。画像、音声、テキストなど、異なる種類のデータを統合的に扱うことができます。ＲＰＡを動かすためのワークフローを作成する時に、システムの出力や担当者へのインタビューだけでなく、フロー図、業務メモ、ビデオなどの情報をインプットとして生成ＡＩに与えることで、より正確なワークフローが出来上がるようになります。複雑な説明に対しても文脈を理解して解釈するので、より複雑で長いワークフローも作成できます。既にＲＰＡに実装されている既存のワー

■生成AI×RPAで自動化できる業務の範囲が広がる

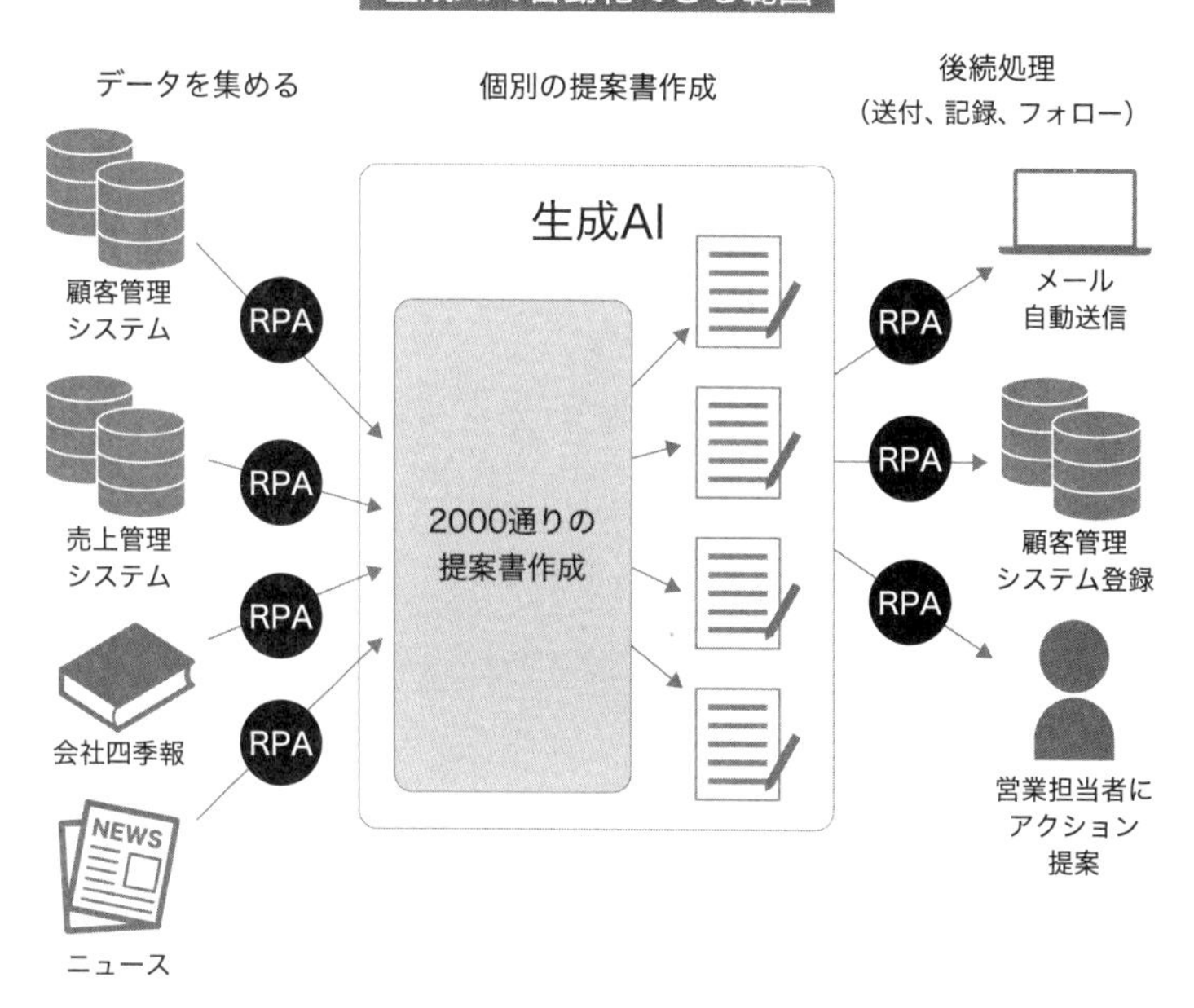

クフローも生成ＡＩに学習させることで、さらに精度が高まるでしょう。

生成ＡＩによるワークフロー作成は、ＲＰＡで自動化を進める時にボトルネックになっていたワークフローの作成を自動化します。結果、速度が圧倒的に速くなり、幅広い業務も自動化できます。

(4)「新しい自動化」の壁を壊す生成AI

生成ＡＩは文脈に沿ってさまざまな情報を理解することが得意です。メールの自動処理を例に取ると、従来のＡＩは見出しやキーワードを手掛かりに内容を抽出する必要がありました。生成ＡＩはメールの文脈を理解するので、人間が自由なフォーマットで書いたメールの内容を理解し、注文が書かれていることを見つけられます。そこにＲＰＡを組み合わせると、生成ＡＩが発見した注文の内容を受発注システムに入力するところまでを自動化できます。生成ＡＩが発見したのがクレームであれば、ＲＰＡで顧客管理システムに入力すると同時に営業担当者にメールで注意を促すところまでを自動化できます。このように、生成ＡＩとＲＰＡを組み合わせることで、「状況を理解して行動する」という、人間のような自動化が実現できます。それは私たちＮＲＡＣが実現したいと考えている「新しい自動化」の姿と重なります。

別の言い方をすると、生成ＡＩは、「新しい自動化」の３つの壁を壊す契機であるとも言えます。どのようにブレイクスルーがもたらされるのでしょうか。

ブレイクスルー① 誰でも作って使えるＲＰＡへ

最初に挙げた、ＲＰＡの３つの難しさを、生成ＡＩは以下のように解決してくれます。

ワークフローの作成

新しい自動化の最初の壁として「ワークフローの作成が難しい」ことを挙げました。生成ＡＩを使えば、日常使っている言葉で業務を説明すれば内容を生成ＡＩが理解し、ワークフローを作成します。一から自分でワークフローを作るのが難しい人でも、生成ＡＩが作ったワークフローを見て違うところを指摘するのは難しくありません。チャットのように対話しながらワークフローを完成させることができます。

ロボットの作成

ロボットの作成も生成ＡＩで進化してきています。出来上がったワークフローをＲＰＡで実装するのも、生成ＡＩがＲＰＡプラットフォームの仕様に合わせて変換し、ロボットが作れます。ユーザーは作成されたロボットを会話形式で改良していけばよく、ツールの使い方を覚える必要がありません。

ロボットの修正

業務の変更やシステムの仕様変更など、ロボットの修正が必要な時も、生成ＡＩは自分で修正が必要な箇所を判断し、修正してくれそうです。新しい自動化で課題となっていた、保守やメンテナンスも生成ＡＩが引き受けてくれるようになります。ＵＩの変更を自動的に検知し、修正を提案する機能が実現されつつあります。

ブレイクスルー② 自分で使えて垣根が低いＡＩへ

従来のＡＩは、使い始める前に大量の学習データを準備し、データサイエンティストがモデルを構築・学習させる必要がありました。一方、生成ＡＩでは、インターネット上の膨大な知識を学習済みのモデルに利用できます。また、生成ＡＩはユーザーとの対話を通じて、精度を上げていくので、メンテナンスのためにデータサイエンティストが手をかける必要はありません。専門知識が必要な場合はＲＡＧによって外部の知識を取り入れることができます。今までネックとなっていた、データ学習と専門家という大きなコストが不要になります。

ブレイクスルー③　垣根の低いＡＩを受け入れ、自ら取り組む組織文化と人材へ

生成ＡＩが急速に浸透した理由の一つが、自然言語によるチャットのＵＩが今までのＡＩに比べて圧倒的に身近だったことだと考えられます。多くのメディアがさまざまなユースケースを発信し、かつ無料のウェブアプリケーションが誰でも利用できたことで、多くの人が興味を持ち「自分も使ってみよう」と始めたのが、これまでのＡＩや業務で使うアプリケーションとは大きく異なる点だと言えるでしょう。生成ＡＩを利用した自然言語のチャット型ＵＩは、デジタルが苦手で、ＡＩに限らずパソコンやＩＴ全般を「難しくてわからない」と敬遠していた人たちにも抵抗が少なく受け入れやすいものです。

そして実際に使ってみると、従来はアプリケーションによる効率化が難しかった文書作成や調査などの非定型業務と生成ＡＩの親和性が高いことがわかります。その結果、生成ＡＩの活用に全社的に取り組む企業が増えています。ＰｗＣ Ｊａｐａｎが２０２４年春に売上高５００億円以上の国内企業の管理職・経営層を対象に実施した調査では、自社で生成ＡＩを活用している、もしくは推進しているという企業の割合は67％に達し、推進を検討中も含めると91％が生成ＡＩの活用に積極的な姿勢を見せています。社内への展開にあたっても、自然言語で始められるので、スキルの習得が比較的容易で、自ら取り組みたい意欲がかき立てられます。

（5）生成ＡＩによって進化するＲＰＡの自動化プラットフォーム

ＲＰＡのソフトウエアベンダーが、生成ＡＩとＲＰＡを組み合わせた機能を提供し始めています。具体的には、すでに何千というロボットが動いている実績のあるＲＰＡのプラットフォームに、生成ＡＩを入れ込み、セキュリティーやログの管理を統合してより高度な自動化プラットフォームが提供され始めています。

今、実際に提供され始めている中でも、インパクトがありそうな機能をピックアップして紹介します。

①ロボットの自動作成

ロボット開発を生成ＡＩが助けて楽にしてくれます。チャットしながら実現したい業務を依頼すると、チャットの内容を理解した生成ＡＩが業務を整理して、ワークフローを作成します。このワークフローをもとにＲＰＡのロボットが作成されます。将来的には、新しいロボットを作る時は生成ＡＩがリクエストを聞いた上ですでに存在して実行されているロボットを元に新しいロボットを作成して提案してくれるようになるでしょう。

操作するアプリケーションを生成ＡＩが分析して入力フォームやボタンの位置をユーザーが

指定しなくてもロボットが認識する機能や、ロボットを作成した時に、そのロボットのテスト手順を生成ＡＩが作成し、実行した結果をまとめる機能も実装され始めています。

②生成ＡＩの部品化

ロボットに様々な生成ＡＩを接続できる部品がすでに提供されています。自動化の途中で生成ＡＩを呼び出し、判断をさせて自動化を続けることや、チャットボットやメールの内容を取得してその文章を理解し、適切なアプリケーションを呼び出してデータを入力することも可能です。更に自動化の過程で複数の生成ＡＩを呼び出し、特徴に応じて使い分けることもできます。

ここからは、対象業務の実現のために特化させた生成ＡＩとＲＰＡのロボットを組み合わせて実現されている機能を紹介します。

③ＩＤＰ（Intelligent Document Processing）インテリジェントドキュメント処理

ＩＤＰは、今、海外で注目されているデジタルテクノロジーで、以下の機能を持ちます。

- 文書を種別ごとに認識して分類

- 文書・画像ファイルのデジタル化（ＯＣＲ：光学的文字認識）
- 文書種別ごとに　定義された項目に従った構造化データの抽出または文脈を理解して構造化データの抽出
- アプリケーションへの構造化データの入力
- 分類・抽出結果の集約、分析

ＩＤＰは、文章をデジタル化するＡＩ－ＯＣＲよりも広範にＡＩを活用して書類の処理の自動化を行います。

例えば、請求書などの非定型文書は会社によってフォーマットが異なり、表の形式も複雑で、高い精度での構造化データ抽出を保証することは従来のＡＩ－ＯＣＲでは難しいという問題がありました。対して、生成ＡＩは人間のように文書の文脈を理解できるので、これらの問題を克服できます。

ＩＤＰは、単純に文書を読み取るだけでなく、内容を理解して分類やデータの抽出を行います。例えば、請求書の内容を精査して、ガイドラインに基づいて仕分けを生成する、それに基づき経理システムへの登録をロボットに指示する、問題があれば再発行を依頼するメールの文案を作成してロボットから自動的に営業担当者へ指示のメールを送信する、といったことが可能になります。

ＩＤＰに生成ＡＩを活用することで、学習させるための時間が短縮され、業務への導入にかかる時間が短縮されます。また、読み取り結果や分類結果が誤っていた時に、改善を自然言語で指示できるので、運用に専門家の手を借りる必要がなくなります

④コミュニケーションの解析と対応

コミュニケーションに特化した機能もあります。Ｅメールを分類して、個別のメールの内容を理解し、さらにＲＰＡのロボットと連携して自動化を行うものです。また統計、分析結果もダッシュボードで表示できます。

例として、カスタマーサポートに問い合わせのＥメールが届いた場合を見てみましょう。コミュニケーションに特化した生成ＡＩが、メールを読んで問い合わせの内容を理解し、問い合わせが、商品に対する問い合わせか、返品の依頼か、苦情か等の分類を行います。例えば、商品への問い合わせであれば、自社の顧客データベースから購買履歴やこれまでのやりとり、関連する社内規則などを検索し、自動返信が可能か、担当者へのエスカレーションが必要かを判断します。自動返信が可能であれば、生成ＡＩは適切な回答を作成し、ロボットに文案を引き渡します。ロボットはメールソフトからそのメールを送信し、顧客管理システムのＵＩから

メールの送信記録を顧客データベースに登録します。担当者へのエスカレーションが必要であれば、生成ＡＩは必要な情報をまとめて担当者にアクションを促すために、ロボットにアラートの送信を依頼します。またその日の終わりに、届いたＥメールのカテゴリーごとの件数や処理情報をまとめたレポートを作成して担当者に配信することもできます。

⑤文脈を理解したアプリケーション間での転記、照合

生成ＡＩを活用して、複数のアプリケーションの間でデータを転記する業務に特化した機能もあります。コピー元のアプリケーションのＵＩとコピー先のアプリケーションのＵＩを自分で読み取り、理解し、変換表を作成します。ロボットはこの表に基づきコピー＆ペーストを自動化できるので、従来に比べると誰でも簡単に自動化を実現できます。

アプリケーション間で情報をコピー＆ペーストするのは単純な作業ですが、チリも積もれば大きな手間と時間がかかります。自動化しようと思うと、これまではコピーするデータがＵＩのどの場所に表示されているか、アプリケーションのＵＩのどの場所のフィールドにペーストするかを逐一指定する必要がありました。ＵＩのレイアウトが変わったり、アプリケーションの仕様が変わったりすれば、一から設定し直さなくてはならず、ロボットの管理が大変になっていました。

例えば営業担当者各自が創意工夫して使いやすくしたエクセルの表で整理している顧客情報を、Salesforceに入力する作業を考えてみましょう。従来であればそれぞれの担当者ごとに転記用のロボットを1つずつ作る必要があり、担当者が表を見直すごとにロボットも作り直す必要がありました。コピー＆ペーストに特化した生成ＡＩを使えば、ロボットが営業担当者個別の表を理解して、Salesforceに入力することができますし、表に変更があってもロボットが自動的に修正してくれます。

海外では、上記の機能を利用して、生成ＡＩとＲＰＡのロボットにより業務を変える事例がすでに生まれています。

①投資銀行

これまで１０００人以上の銀行員が手作業で行っていた企業の年間レポートを作成するための集計や分析、レイアウト作業を生成ＡＩとＲＰＡで全て自動化すると同時に、内容に関する銀行員レベルのＱ＆Ａシステムを実現しました。

②製造業

何百万件もの国際貨物をスケジュールに遅れず通関させるためのコード付け作業に苦労していましたが、製品コードを正確に分類する専用モデルを生成ＡＩで作成し、ＲＰＡでＳＡＰの既存プロセスと統合することでこの問題を解決しました。

③製薬会社

１万件以上の文書の中から自分の作業に関連する標準手順書を検索し、内容を理解する必要がありましたが、ＩＤＰを使用して全てのドキュメントを理解させ、リアルタイムにチャットで質問できるモデルを構築することに成功しました。

日本でも、ＩＤＰやコミュニケーションの解析と対応の機能が導入され、成果を上げ始めています。

(6)「新しい自動化」がもたらす価値

新しい自動化は企業の中に浸透することで、どのような価値をもたらすのでしょうか。ここでは、例として個人の生産性向上・デジタルツインの拡張・競争力につながる知的生産性の向上という3つの観点を提示します。

①個人の生産性向上：ロボットの助けを借りて誰もが「仕事のできる人」になれる

生成AI×RPAによる自動化は、開発のために専門部署がなくてもエンドユーザーが自ら試行錯誤しながら結果を得られます。プロンプトの書き方にコツは必要ですが、生成AIと対話しながらブラッシュアップできます。他の人が作ったプロンプトを利用して生成AIの出力を自分の業務内容により適したものにすることも容易です。

ここで、従来のRPAによるロボット作成と違った、個人の生産性向上につながる2つの特徴を紹介します。

一つは、ロボット作成が簡単になることです。前述したように、自然言語を使ったロボット作成を実現するために製品が提供され始めています。

もう一つは、事務作業だけではなく企画業務の自動化支援が可能になることです。例えばロボットで情報を取得し、生成AIを起動してプレゼンテーションを作成するということが実現できるようになります。

これからは、ロボットの作成の負荷が減り、かつ、任せられる仕事の範囲は、いままでのR

ＰＡ単体に比べると格段に広がります。個人の事務業務、企画業務を自動化できる機能は、筋力を強化するパワースーツのようなものです。10kgの荷物しか持てない人がパワースーツを身に着けると、体重60kgの人間を持ち上げられるようになります。ロボットがパワースーツの役割を果たすことで、個人で可能な仕事の量が増え、質が上がることになります。

更にロボットによって圧倒的なスピードも得ることができます。先に説明した２００社の顧客に対し、顧客ごとに最適な内容とタイミングで新製品を提案する、という業務は、量、質だけではなくスピードも実現できます。

生成ＡＩ×ＲＰＡで開発するロボットを自分で作れるようになった個人は、仕事の範囲を広げ、質を上げて、スピードを上げ、「仕事のできる人」になれるのです。

②デジタルツインの拡張：アナログ業務を含むホワイトカラーのオフィスワーク最適化

現実世界の情報をデジタル化することで、予測やシミュレーションが可能になるのがデジタルツインです。この考え方をホワイトカラーのオフィスワークに適用すると、ワークフローを変えた時に生産性がどのくらい上がるのか、あるいはどこで障害が発生するかを予測し、効率的な業務改善につなげることができます。

かつて日本企業の多くがアナログ業務のデジタル化といって熱心に取り組んだのが、紙とハンコの稟議書をデジタルなワークフローに置き換えることでした。そのために、見積書や請求書などの書類や基幹システムから出力される帳票は既にデジタル化されています。紙の書類はＡＩ－ＯＣＲやＩＤＰによって、これもデジタルデータに容易に変換することができます。そう考えると、オフィスワークのデジタルツインを作ることは容易に思えます。

しかし一筋縄ではいかないのは、日本企業においては、これらのデータがさまざまなシステムに分散しているということです。ＥＲＰに全てのデータが集約されている欧米企業と異なり、日本企業では複数のシステムの間を人が目視や手入力といったアナログ業務でつなぐことで業務が成り立っています。

オフィスワークのデジタルツインを作るには、まず散在するデジタルデータを標準のフォーマットに変換して、１カ所に集める必要があります。そのために役立つのが生成ＡＩ×ＲＰＡによる新しい自動化です。例えば業務に詳しい人による「ＡシステムからＢデータを取得してください」という自然言語の指示を基に生成ＡＩがロボットを作成、自動化の実行、といった具合に目的のデータを効率的にデジタルツインに集約することが実現可能です。

アナログ業務で使っているデータも含めてデジタルツイン上に集約することで、アナログ業務もデジタルツインの中で可視化されます。今までは自動化の対象として認識されていなかったアナログ業務も、自動化を検討する対象に加わり、自動化の範囲が広がります。

デジタルツインでは、可視化された業務を自動化するとどのように生産性が上がるのか、別の業務にどのような影響があるかをシミュレーションできます。自動化でよくあるのが、「今までボトルネックになっていた業務を自動化してスピードアップすると、次の工程が業務をさばき切れなくなって新たなボトルネックになる」という、セカンドボトルネックの発生です。デジタルツインではワークフローの変更や自動化の影響をシミュレーションできるので、セカンドボトルネックの影響や、そもそもセカンドボトルネックを発生させないためにどのような自動化をすればいいかを見通せます。

こうしたシミュレーションは生成ＡＩを利用することで対話的に行うことができます。そしてシミュレーションの結果、自動化を実装するのも、生成ＡＩ×ＲＰＡで素早くできるようになります。

③競争力につながる知的生産性の向上：経営のボトルネックの解決

経営上の意思決定のためには、分析、加工された情報とそれに基づく将来の予測が必要です。経営会議のメンバーが必要とする観点で情報を分析、加工する作業のために、部下は社内システムから情報を集め、社外のデータを調査して資料にまとめるという作業に多くの時間を費やしています。必要な情報はその時々で異なりますし、営業の観点（ビジネス単位）、経営管理の観点からなど、同じ情報でも切り口、タイミングは違ってきます。経営の意思を反映して求められるアウトプットを作り、将来の見通しを的確に予測するためには、知的作業の生産性向上が必要となります。

経営会議のメンバーが、直接生成ＡＩと対話をして生成ＡＩがＲＰＡのロボットを使って業務アプリケーションや会計システム、散在しているデータ（生成ＡＩがデータの場所を理解します）をＵＩまたはＡＰＩを通じて、情報を収集し、生成ＡＩが分析で要約、更に予測ができるようになれば、知的作業の生産性は向上します。また経営からのフィードバックを受けることによってより精度は向上していくでしょう。知的生産性の向上を生成ＡＩ×ＲＰＡを活用することで、この作業に時間を使っていた人員を他のもっと創造的な作業に時間を使えるようになります。

前節で述べたデジタルツインも、知的生産性を上げるでしょう。デジタルツインの中で生成ＡＩによって施策のシミュレーションを実施することで、「この決定が経営にどのような影響を与えるのか」を迅速に経営会議のメンバーが共有できます、このことにより会議の深度を深くして、議論を進められます。

4. エージェンティックオートメーションによるさらなる自動化の進化

すでに実現され始めている生成ＡＩ×ＲＰＡによる自動化は、人間が言葉で業務を説明した内容、メールの内容などを生成ＡＩが理解して、ＲＰＡに指示して、自動化する「インテリジェント・プロセス・オートメーション」(Intelligent Process Automation：ＩＰＡ)です。さらに進んだ新しい自動化の在り方として、生成ＡＩが外部から指示をほとんど受けることなく、自ら手順を考え、実行させる「エージェンティックオートメーション」(Agentic Automation：以下エージェンティック)が注目されています。ＩＰＡでの生成ＡＩとＲＰＡの連携を双方向にし、ＲＰＡのＵＩとＡＰＩの機能を使って今、実際に動いているＩＴアプリケーション連係をすることで、エージェンティックの実現を図れるとＮＲＡＣは考えています。

エージェンティックについては、海外において教育機関からの発信や実証が始まり、調査会社、コンサルティング会社が提唱しており、ＲＰＡベンダーやＡＩベンダーが製品開発・提供をし始めていると理解しています。ＮＲＡＣでも、新製品の理解や、グローバルな事例の研究、日本での事例の構築の支援を始めたところです。

以前からＮＲＡＣでは、ＡＩ×ＲＰＡを進めるための方法論として、自動化を進める時に、人間の判断が必要でＲＰＡだけでは対応できない部分を、人間の関与の下で徐々にＡＩに置き換えていく「スマートAI」を提唱していました。エージェンティックはスマートAIのゴールと言えます。

RPA、IPA、エージェンティックの関係を表したのが次のページの図です。

（1）エージェンティックの特徴

Agentic（エージェンティック）を日本語に直訳すると「代理人の」という形容詞になります。人のエージェント（代理人）としてプロセスを自動化するのがエージェンティックということになります。

IPAによってルールベースで動かせるタスクのかなりの部分は実行できるようになってきます。ただし、状況に応じて新しく発生するタスクの作成や意思決定は、IPAでは実行できません。これを実現するのがエージェンティックです。エージェンティックにおいて生成AIは、状況に応じて柔軟にプロセスを組み立ててRPAを動かしたり、得られた結果を基に意思決定を行い、また新たなプロセスを組み立てたりします。

エージェンティックには、IPAではまだ実現できていない、以下の3つの特徴があると私は考えています。

▌RPA、IPA、エージェンティックの関係

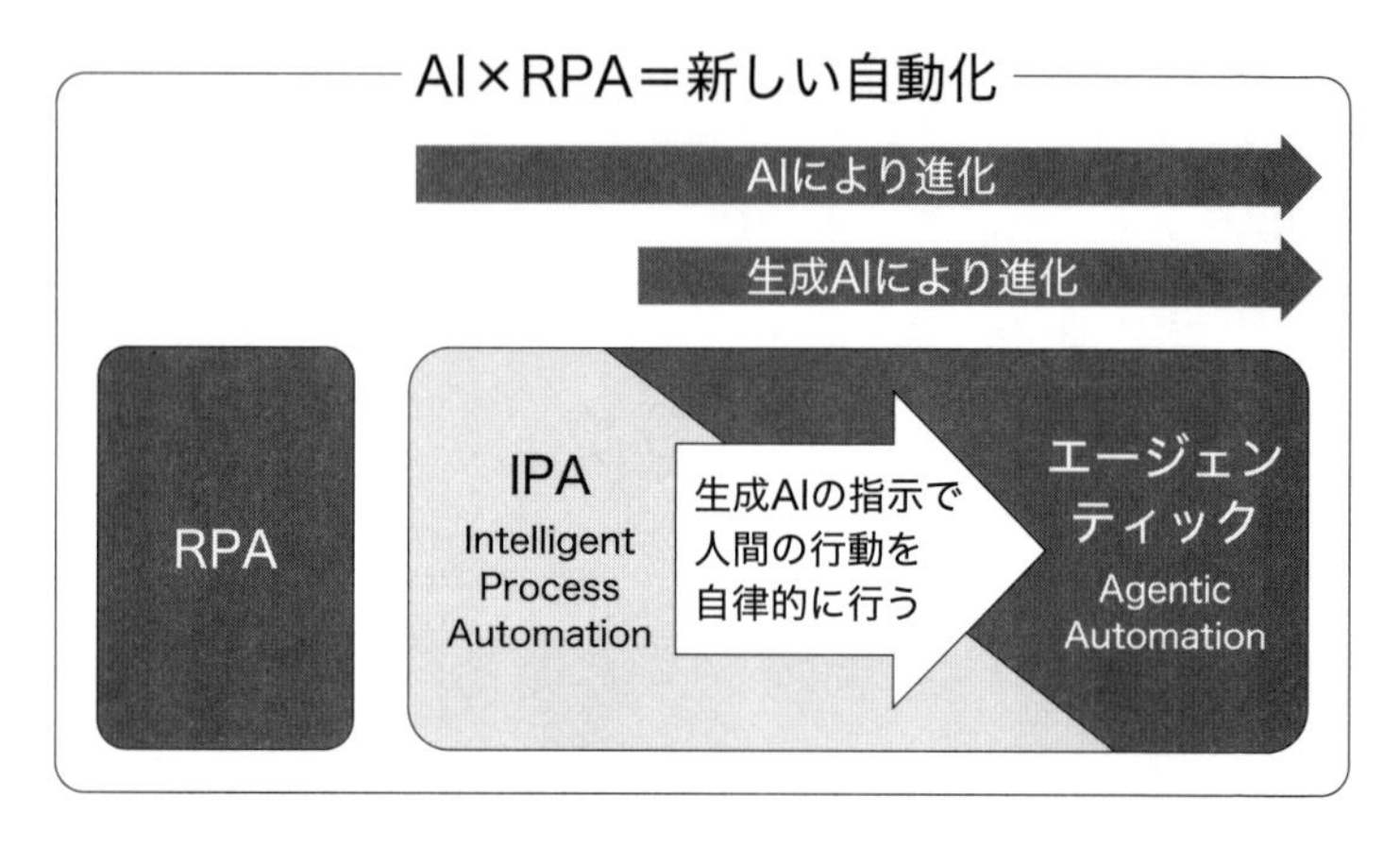

①ワークフローの動的な生成

従来のＲＰＡによる自動化は、あらかじめ決められたルールに基づいて作成された静的なワークフローを実行しますが、エージェンティックは、自動的に状況の変化や新たな情報に応じて、生成ＡＩが動的に新たなワークフローを生成・修正し、実行します。

身近な例を使ってイメージしてもらうことで、エージェンティックによる自動化を理解しやすくなると思います。夜目覚めて、水を飲むという動作を考えてみます。自宅の寝室のベッドで寝ている時であれば、キッチンまで歩いて食器棚からコップを取り出し、冷蔵庫に入った水を出して注ぐという動作は、いつものルーチンで、すでに体が覚えていて実行がなされます。では、出張先のホテルの部屋で目覚めた時はどうでしょうか。コップが置いてある位置も、冷蔵庫の場所も違うので、ほとんどの人は起きた時に部屋を見回し、「コップはテーブルの上に伏せて置かれている」「冷蔵庫は床に近い位置にある」といった状況を把握して、脳が状況に適した新しい動作を指示して体が動くことで、水を飲むことができると思います。

ここで、身体が覚えている、自宅の寝室で水を飲む一連の動作が「静的なワークフロー」に当たります。対して宿泊するホテルによって異なる部屋の状況を理解してその場で水を飲むための動作を組み立てるのが「動的なワークフロー」です。エージェンティックは、この場合の人間と同じように、状況を理解して、今まで通りの手順で実行できるタスクはすでにライブラリーにある手順で実行し、いつもと違う手順が必要なタスクであると判断すれば手順を自分で組み立てて実行します。

②自律的な判断と実施

エージェンティックのもう一つの特徴は、人間の意思を自律的に判断し実行できることです。「夜目覚めて、水を飲む」の例えの続きで、冷蔵庫を開けて水が入っていなかったとします。その場合に取り得る行動としては、「着替えて外の自販機に水を買いに行く」「冷蔵庫の中で水の代わりの飲み物を探す」「水道水を飲む」「水は諦めて寝直す」などいくつか考えられます。

この中でどの行動を実行するのかは、喉の渇き具合、その時の疲れ具合、冷蔵庫の中にある他の飲み物、水道の水が安全なのか、この時間に外出しても安全なのかといった状況によって異なります。

この場合に人間が考えられるいくつかの行動の中から状況に応じた判断をして実行するように、エージェンティックにおいては、生成ＡＩが状況を認識して、最適な行動を自律的に選択します。場合によって、エージェンティックは自分で行動を決定せずに、依頼者に判断を仰ぐ場合もあるでしょう。

③フィードバックによる精度の向上

自動化により実行されたアクションの結果を改善したい時、ＲＰＡによる自動化では、どこを改善するかを人間が考え、ワークフローを作り直して実装する必要がありました。ＩＰＡでは生成ＡＩと対話しながらワークフローを作り直しますが、改善点を見つけるのは人間の役割でした。エージェンティックでは、自動化の実行結果に対して人間が評価をフィードバックすることで、生成ＡＩが改善点を自分で見つけてワークフローを改善し、継続的にアクションの精度を向上させていけます。

ＩＰＡによって、人間が生成ＡＩの助けを借りてワークフローを作り、ＲＰＡで実行させるということはすでに始まっています。生成ＡＩにＲＰＡの実行結果に対する評価をフィードバックすることで、生成ＡＩはどのような実行が人間の意思に沿っているかを自律的に判断できるように学習を継続できます。学習が進むにつれて、人間の関与を減らしても、生成ＡＩが人間の意思を代理して実行できるエージェンティックとして自動化が進化すると推測します。

ＲＰＡとエージェンティックは、比較してどちらが優れているというものではなく、場面によって使い分けることが適切です。人間の持つタスクには、静的ワークフローで対応できるタスクと、動的ワークフローが必要なタスクの両方があるからです。ＲＰＡの活用により生成ＡＩのリソースをより必要な場所に集中することもできます。

RPA、IPA、エージェンティックの比較

	RPA	IPA	エージェンティック
ワークフロー作成方法	人間が手動で作成	人間が生成AIの助けを借りて作成	生成AIが自律的に作成
意思決定	事前に決定されたルールに従う	事前に決定されたルールに従う	リアルタイムの状況により動的に行う
複雑さの管理	単純で静的なタスク	複雑で静的なタスク	複雑で動的なタスク
柔軟さ	限定的	中程度	柔軟性高く適応する
人間の介入	必要に応じて	少ない	最小限
実装時間	比較的長い	比較的短いが状況が変われば再構築が必要	比較的速く状況の変化に自律的に適応

(2) エージェンティックはＲＰＡによって生成ＡＩの弱点を克服する

生成ＡＩは文脈を理解して回答を生成する、誰でも活用しやすいＡＩです。一方で「ハルシネーション」の懸念や機密性の高い情報の漏えいに関する懸念など、ビジネスで活用するために解決すべきいくつかの課題があります。エージェンティックは、数千台のロボットを稼働させてきた実績のあるＲＰＡを活用してこれらの問題に対応し、実行結果の信頼性が高く、実用的な自動化を提供できます。

①ハルシネーションへの対策

もっともらしく聞こえるが事実とは異なる情報を生成する「ハルシネーション」は、ビジネスにおいて正確性と信頼性が重要な場面では問題を引き起こす可能性があります。

エージェンティックがハルシネーションのリスクを下げるために大きな役割を果たしているのがグラウンディングです。グラウンディングとは言葉や概念を実際のデータや状況と結びつけることをいいます。

ＲＰＡを活用して、生成ＡＩのグラウンディングのために必要なデータの収集や整理を行ったり、信頼性の高い社内外の情報や、専門的なデータベースから取り込んだ情報をインデックス化（索引付け）してRAGとして参照できる形に整備して提供します。

生成AIがワークフローを作成する際には、RPAが操作する実業務で使用しているアプリケーションがすでに持っている制御機能が働いて、生成AIのワークフローの指示が不適切な場合でもチェックがなされます。ゆくゆくは、RPAで過去に実行したタスクやプロセスとその実行結果を参照して、実際の業務に近いフローを生成するようにコントロールできるようになってくるでしょう。

更に、生成AIが出力した結果に対し、閾値を設定して範囲に入らないものをRPAで抽出し、その結果を人間がチェックをして支援するなどの対応も取れます。

これらの仕組みにより、エージェンティックでは生成AIが作成するワークフローや判断におけるハルシネーションを軽減します。また、自動化の実行結果の信頼性を上げ、精度を高めます。

②機密情報漏えいへの対策

生成AIのビジネス利用において、機密性の高いビジネス情報や法律で保護されている個人データの取り扱いを管理する必要があります。

エージェンティックにおいては、生成AIからの指示を基にRPAが既存のシステムと連係して、実際のデータ処理を行うという役割分担をします。

実際のデータ処理を行う際に、RPAが機密性の高いデータにアクセスして作業をするように定義することで、生成AIは機密データに直接触れることなく、その能力を発揮できます。RPAは、プロセス自動化のノウハウと、厳格なアクセス制御によって、データの安全性を担保します。

（3）生成AIのビジネスへのインパクト

エージェンティックはまだ研究段階で実ビジネスでの実装例が海外で始まった段階ですが、その汎用性の高さから、あらゆる業界のビジネスプロセスに適用できそうです。NRACでもその検討を始めています。実現できそうな具体例をいくつか挙げてみましょう。

①金融サービス

顧客の口座開設やローン審査、不正取引の検知などの業務で、金融業界では既にAIとRPAが広範に使われており、また、IDP（240ページ参照）とRPAの事例など生成AIとRPAを掛け合わせた活用が始まっています。エージェンティックの出現により、これまでよりも広範な業務の自動化を進めることができ、更に業務自体の深度を深めることも可能になります。例えば、顧客のデューデリジェンス（リスクとリターンを評価するための調査）は、顧客または潜在顧客の取引開始時、更に継続的に評価を行う必要があるもので、法的規制の観点での検証も必要な作業です。財務状況、経営体制、マネーロンダリングおよびテロ資金供与など範囲が幅広く、それぞれに必要なデータの収集と専門家による判断が求められ、またそれらを総合的に判断して、デューデリジェンスの深度を深めることも必要になってきます。

顧客デューデリジェンス業務を例に考察すると、エージェンティックは、まず「財務状況」「経営体制」「マネーロンダリングおよびテロ資金供与」などのタスクを定義し、そのタスクごとにエージェントを割り当てます。それぞれのエージェントは必要な情報の収集をＲＰＡで実行し、情報の収集を基に顧客の評価をします。情報がない場合には、追加作業で情報を収集するか、情報がない旨の注意喚起のメッセージを出します。最後に、エージェンティックは、それぞれのエージェントでの評価をもとに総合評価を行い、人間のデューデリジェンス担当者が最終的な判断するための総合的な評価を提供します。

これによって、顧客のデューデリジェンスを実施する人間の責任者や専門家が、法令遵守に基づき最終判断をするまでの工程の短縮と作業負荷の軽減を図ることが可能になります。

②医療

高度な専門知識と経験が求められる医療現場においても、エージェンティックは医師や看護師の負担を軽減し、医療サービスの質向上に貢献します。例えば、医療において、症状が明確にわからない患者を理解するための検査計画の作成、実行などの業務においてエージェンティックがどのように役立てるかを見てみましょう。

エージェンティックは、業務を「電子カルテの分析（電子カルテから症状や検査結果などの患者の情報を得る）」「検査方針の策定（最新の知見を基に検査の内容を再検討し、新しい検査方針を医師に提案して承認を得る）」「検査計画（患者の電子カルテを確認して実施が必要な検査を洗い出す）」「日程調整（検査室の空き状況と患者の予定をすり合わせて実施日程を調整する）」というタスクに分割し、それぞれの業務を行うエージェントに割り当てます。

まず、「電子カルテの分析」をするエージェントが、患者の情報の取得を行います。ＲＰＡが電子カルテシステムを自動操作し、カルテの内容から生成ＡＩを活用して必要な情報を抽出します。

次に、「検査方針の策定」をするエージェントが、取得した情報をもとに必要な検査の案を作成します。生成ＡＩは医師に代わって最新の論文や新薬の情報を参照できるので、患者の症状に基づき自律的に判断して、最新の知見を反映した検査方針や新薬の投与を想定した検査を提案することもできます。

生成ＡＩの提案に基づき医師が検査の方針を承認すると、「検査計画」エージェントが必要な検査を洗い出します。実際の患者は他の科でも直近に同じ検査を実施している場合がありますので、生成ＡＩが電子カルテを見てそうした状況を考慮し、患者に最も負担が小さくなるよう、必要十分な検査を実施する検査計画を動的に組み立てます。

最後に、「日程調整」エージェントが、検査室の予約状況と患者の予定を調整して検査日を確定します。生成ＡＩが検査室の予約状況を確認し、検査の候補日を挙げたメールを作成して、ＲＰＡが患者に送信します。患者の返信を元に生成ＡＩが検査スケジュールを最終確定して、ＲＰＡが電子カルテと検査予約システムに予定を入力します。

一連の作業は記録されエージェンティックにフィードバックされるので、次回以降の作業の精度が上がります。

③製造

製造業における様々な課題解決にも、エージェンティックが貢献します。例として、調達業務の中で自動化が難しい、部品の在庫を確認し不足していたら新たな発注先を探して発注するという業務をエージェンティックがどのように実行するのかを示します。

従来のＲＰＡでは、在庫がＸ個を切っていたら、Ａ社にＹ個発注するという定形の発注業務は自動化できましたが、Ａ社で欠品していた場合は、発注担当者がＡ社の代わりの発注先を探して問い合わせ、納期や価格を比較して新しい発注先を決め、発注を行う必要がありました。エージェンティックでは、定型の発注業務を自動で行うだけでなく、発注者の代理として、さまざまな場合に対応した自律的な発注を行います。

この業務の例では、エージェンティックが、「在庫確認」「発注対応」とタスクを定義して、エージェントとして実行します。まず「在庫確認」のエージェントが、いつもの発注先で欠品が生じていることを確認します。これを受けて「発注対応」のエージェントが、当該部品を納期・予算通りに発注することを目的としてワークフローを動的に組み立てます。

「発注対応」のエージェントは「発注先の候補を比較して発注先を決定する」「新しい発注先に発注する」というタスクを作成し、それぞれのタスクを実行します。まず発注先を決定するために、生成ＡＩはベンダーマスターデータを元に、当該部品や汎用の代替品を扱っている発注先候補を探し、納期や価格の問い合わせの文面を自動作成してＲＰＡを使って送信します。問い合わせの回答を生成ＡＩが理解して、価格、納期、取引条件などを考慮して発注先候補の中から最適な発注先はどの会社かを判断し、新しい発注先を決定します。最後に、新しい発注先とのやりとりの文面を生成ＡＩが作成してＲＰＡが送信し、自動で発注を完了します。

「在庫確認」のエージェントが発注やタイミングや発注数についても、過去の出荷実績などの情報を常に理解していて、需要がもうすぐ増える時期だから部品発注は前倒しにした方がよい、発注数はY個よりも増やした方がよいといった判断を行い、エージェンティックはその判断を基に、「発注対応」のエージェントに自動的に発注を行うように指示します。その結果に対して人間がフィードバックすることで、エージェンティックは学習してより発注の精度を高められます。

④人事における採用

採用業務は、決められた処理プロセスに沿いながらも、個別の対応、迅速な判断が必要な業務です。採用担当者の代理として、エージェンティックが採用業務をどのように行うのか見てみましょう。

今回の例では、現場からこんな人材が欲しいという要望を受けると、例えばエージェンティックは「採用計画の作成」「募集と応募者の管理」というタスクに分割し、それぞれを専門で行うエージェントに作業を指示するとします。

「採用計画の作成」のエージェントは、現場の要望に基づき、自社の過去の募集や同業他社の募集を調査してジョブディスクリプションのドラフトを作成し、採用計画を立案し採用担当マネージャーに提案します。採用担当マネージャーが計画を承認したら「募集と応募者の管理」のエージェントが募集を開始し、出稿媒体ごとに応募してきた応募者の履歴書を確認して、個別に面接の計画を立てます。応募者ごとのスキルや経験、適性を理解して、一次面接を現場でやるか人事部でやるか、あるいはいきなり役員がやるかといった判断を行い、最初の面接担当者をアサインしてスケジュールを調整します。前職給与の確認やインセンティブの確認についても必要性をエージェントが判断し、問い合わせのメールを応募者に自動送信します。二次面接以降のスケジュールは、面談者が記入した面接結果シートを読み取り、通常であれば二次面接の次は役員面接だがこの人には技術者面接を実行する方がいい、といったこともエージェントが自律的に判断し、調整します。

更に「募集と応募者の管理」のエージェントは、面接の結果から最終的な採用候補を採用担当マネージャーに提案します。例えば想定年俸が1000万円なのに応募者の希望が1050万円だった場合でも、機械的にミスマッチと判断しません。面接結果や最近の人材市場状況に基づき、50万円余分に払ってでもこの人を採用すべきかどうかを考え、採用すべきと判断したらその理由を添えて採用担当マネージャーに提案します。最終的に採用が決定すれば、採用通知とその後の手続きについての連絡メールを自動送信します。

エージェンティックが採用担当者の代理となってさまざまな調整や判断を行うことで、採用担当マネージャーを支援します。また採用担当マネージャーは、当初はエージェンティックに対し、判断をせずにまず状況を報告して次の指示を待つよう依頼もできます。

(4)エージェンティックが実現する、人間とAIとロボットの協働

生成AI×RPAのIPAによって、「新しい自動化」は3つの壁を超え、徐々にロボット作成のハードルが下がり、全ての人がロボットによって自分の能力を拡張できるようになります。任せられる仕事の範囲も広がり、構造化されていないデータの処理や言葉の理解や判断が必要な仕事もロボットが行えるようになりつつあります。

生成AIの進化に伴い、人間がやっていたことでも、AIに任せることが増えていきます。エージェンティックの出現により、人間の役割とされていた「状況に合わせたワークフローの動的な作成」「自律的な判断」「フィードバックを受けて自分で改善点を探し、自動化の精度を上げること」を支援して、人間の負荷を　徐々に軽減していきます。

1章で紹介した11の事例にご登場いただいたような、現場で自動化を主導するリーダーにとって、エージェンティックの最大の利点は何でしょうか。それは現場が主役の自動化をより

推し進めていけることではないでしょうか。

エージェンティックのもっともわかりやすい効果は、「本当に業務が一番よくわかっている人を主役にして自動化を推進できる」という点です。今までのRPAによる自動化では、ロボットを開発するには、プログラミングは不要であってもワークフローの作成やRPAツールの操作などの開発スキルや、その適性が重要でした。また、業務の整理、ツールの使い方、更には導入後の管理、大規模運営も考慮に入れる必要がありました。インタビューに答えていただいた各社では、そのために教育プログラムやロボット開発の方法、導入後の管理のガイドラインを整備し、社員に習得、理解してもらっています。

しかし実際には、そもそも一番業務がわかっている人は忙しくて、教育を受けたり新しいスキルを身につけたりする時間がなく、ロボット開発に携わるのは負担が大きいという問題もありました。教育を受けた現場の人も、日常業務の中で簡単なロボットは作れても、少し複雑な業務の自動化にはさらなる学習や開発のために時間を確保する必要があり、業務と並行して取り組むのは難しいという悩みがありました、また導入後の管理、修正対応を現場で対応し続けるのも大変です。この課題を解決するために、各社ではＣｏＥ、ＩＴ部門、コンサルタントの方と密接に連携して支援を仰いでいます。

エージェンティックが現実になると、ワークフローの作成やロボットの作成はエージェンティックが大部分を行ってくれるようになります。現場の人間がロボット開発のために新たなスキルを身につけるのではなく、エージェンティックを「なんでも相談でき、実際に作ってくれるAIとRPAのロボット開発の専門家」である自らのパートナーとして、助言と支援を受けながらロボット開発から管理までを実施できることになります。

「こんな業務を自動化したい」と言ったらエージェンティックが自分で考えてワークフローを作り、対話しながらブラッシュアップして自動化を実装してくれます。修正が必要な時も、実行結果を詳細に人間が分析する必要はなく、「良い」「悪い」「正解はこう」と評価を与えると、エージェンティックが自分でワークフローのどこを修正するかを考えて素早くロボットを修正します。塩尻市や三井住友カードの事例では、自動化が社内に浸透しはじめると、自動化したい業務がたくさん出てきて対応し切れないという課題がありましたが、エージェンティックによって「ロボットを素早く作り、素早く修正する」ことが可能になり、解決できます。

エージェンティックを利用することのメリットの一つは、「例外処理」の自動化のハードルが下がることです。東京電力エナジーパートナーの法人営業部の受け付け業務の自動化では、まず受け付け業務のパターンを整理し、定型の業務フローで対応できる申し込みの処理を自動化して、残りの10%のお客様ごとに柔軟な対応が必要なケースは人が対応するように切り分けを行っていました。RPAによるロボット開発を熟知している経験者であれば、自動化による効率化のメリットと非定型業務を自動化するための手間を判断して切り分けができますが、現場で業務をやっている人にとっては、このような切り分けを意識するのは難しいことです。

エージェンティックであれば、まずは一般的な受け付け業務についてエージェンティックに説明してワークフローを作成させ、ロボットを動かすことから始められます。処理をしているうちに定型処理に収まらないお客様の申し込みがあった場合も、生成ＡＩが自律的にワークフローを組み立ててくれます。担当者が生成ＡＩの作ったワークフローにフィードバックするごとにエージェンティックは対応して、次からは人の介入がなくても同じようなケースは処理を自動化できます。そうしてどんどん自動化できるパターンを増やすことで、従来のＲＰＡによる自動化では諦めていた例外処理についても現場で自動化を進めていくことが可能になります。

「こんな業務を自動化したい」という現場で働く人たちの思いをエージェンティックは現場のロボット開発者に代わって受け止め、業務を分析してタスクを分解し、生成ＡＩでワークフローを作成し、ＲＰＡに指示を出します。メンバーの要望が他のメンバーの要望や現在のワークフローと一致しない場合はエージェンティックの生成ＡＩが全てを考慮してワークフローを素早く調整し、ＲＰＡに実行させます。

エージェンティックは、部門全体の仕事を観察して、必要そうな新しい業務の自動化を優先順位をつけて提案します。人間が介入して生成ＡＩと対話し、ワークフローを調整することももちろん可能です。企業の現場にエージェンティックが浸透していくことで、より広い範囲の業務の自動化に、より素早く対応していくことが、今よりもできるようになるはずです。さらに、エージェンティックが全社を見渡すことで、どの部門でどのような自動化が行われているかを把握し、標準化やさらなる自動化を提案して進めることで、会社全体で見た時に最も生産性が高くなるような全体最適の自動化を実現することも可能になるでしょう。

「生成ＡＩの出現とその拡張によって、シンギュラリティの実現が現実性を持ち、早まってきた」という意見があります。皆さんは、「シンギュラリティ」にどんな世界を思い浮かべるでしょうか？

私は、人間よりも優れたＡＩが自分の代わりになるようなシンギュラリティを望みません。期待するのは、知性を持ったＡＩが私のアシスタントとして、またはパートナーとして私のやりたいことを圧倒的に助けてくれて、私を成長させてくれることです。パートナーとしてアドバイスをくれるだけでなく、アシスタントとして私の意思を実現するために必要なさまざまな行動を実行してくれる存在を求めていますが、ＡＩ単独では「実行」はできません。

そのような存在に最も近いものが、生成ＡＩにＲＰＡを組み合わせたエージェンティックの

世界によって実現されてくると私は考えています。

例えば、私が京都に旅行に行きたいとひとこと言えば、エージェンティックはその時の最適な交通手段、季節の旬の食事や見るべき観光地、好みの宿泊施設など全てを含んだベストなプランを提案してくれるだけでなく、何度か私のフィードバックを受けて、スケジュールの調整と必要な予約まで行ってくれます。

仕事でプレゼンが必要になった時、エージェンティックは社内のデータ、過去のプレゼン、議事録、外部のニュース記事、特集番組などから素早く情報を収集したドラフトを作成してくれます。補足質問にはその場で調査して回答し、プレゼンテーションスライドを完成してくれます。さらに、プレゼンの中身の中でデモを見せた方がより理解が深まりそうな箇所があれば、UIやレポートのサンプルをエージェンティックが作成して、デモ動画を作り、関係者にメールで送付してくれます。

エージェンティックは個人の仕事を効率化するだけではなく、プロジェクトや部署などグループ全体を俯瞰して、最適な自動化を実行してくれます。グループ全体の仕事の中で、毎日のルーチン作業の自動化を提案してロボットを作り、実行してくれます。作業が追加になったり、変更があったりした時は、自分で考えてロボットを修正してくれます。

RPAによる自動化を「言われた仕事を正確に素早くできる100人の部下を持てるような

もの」と例えるとすると、エージェンティックは「自分で手を動かすことを厭わないさまざまな領域の超優秀な専門家を100人部下に持てるようなもの」なのだと思います。

エージェンティックが人間のそばにある社会では、「やりたくても予算やマンパワーなどのリソースに限界があったり、アプリケーションが対応していなかったり、専門的な知識が足りないなどの理由で実現できないと思っていたこと」が、個人がエージェンティックと協業することで実現できるようになります。

エージェンティックによって、人間の生産性は圧倒的に上がり、同じ価値を生み出すための労働時間を短縮することができます。また、人間が時間をかけて経験から学んだことを、エージェンティックは極めて短時間で学べるので、エージェンティックと一緒に働く若い人はベテランの知識やノウハウを自分のもののように活用できます。週5日、1日8時間というフルタイムの働き方は過去のものになります。週3日、6時間働けば同じ給料をもらい、残業はエージェンティックに任せてしまえる、ワークライフバランスの取れた幸せな世界になるでしょう。

時間ができた個人が新しいことにチャレンジしたり、創造的な取り組みができるようになって、モチベーションが上がることで、会社も変わり始めます。モチベーションの高い人が集まり、活性化された会社が増えることで、日本全体が停滞感から抜け出し、成長できるでしょう。日本の課題の一つとして少子高齢化による労働人口の減少がありますが、エージェンティックによって生産性が向上することで、少ない人口でも生産性の高い、成長する社会の実現が期待できるでしょう。

この可能性を実現するには、何が必要でしょうか？

まずは「エージェンティックに仕事を任せる」ことを、人間が実際に体験することです。簡単な仕事から、そして徐々に範囲を広げていく。まずはエージェンティックに触れて、手触り感を持った後に、そこからの学びを生かして任せる仕事を増やしていくことではないでしょうか？

エージェンティックにより圧倒的に生産性が上がることを誰かが最初に体現することで、徐々に、多くの人がその価値を知り、エージェンティックと共に働くように働き方を変えていく。そうなった時、エージェンティックと一緒に働く人たちや、そういう人たちが大勢いる組織は、圧倒的に生産性を上げて成長します。それが日本中に広がることで、日本全体を上向きで明るく幸せな社会にしていけるでしょう。その成果によって、日本は「エージェンティック先進国」として、世界をリードできると私は信じます。

第三章

［座談会］最前線から見た「新しい自動化」の未来

本書を締めくくるに当たり、自動化への先進的な取り組みを実践されている方やＡＩへの知見がある方々に集まっていただき、「新しい自動化」の現在と未来をテーマに座談会を実施しました。

ご出席いただいたのは以下の方々です。

■中外製薬株式会社　デジタルトランスフォーメーションユニット　ＩＴソリューション部長

小原　圭介氏

第１章のインタビューでも紹介したとおり、中外製薬は２０１８年からＲＰＡの導入を推進してこられました。さまざまな障害を乗り越え、全社に自動化への取り組みを浸透させて、２０２３年までの累計で23万５０００時間を創出しました。その中で小原さんはＩＴソリューション部長としてデジタル化を推進する環境づくりを支える役割を果たしてこられました。今は、生成ＡＩの浸透に向けた取り組みを始められています。

■慶應義塾大学大学院　システムデザイン・マネジメント研究科　教授　矢向　高弘氏

第１章のインタビューで取り組みを紹介した慶應義塾大学ＡＩＣ（ＡＩ・高度プログラ

ミングコンソーシアム）の代表・運営委員会委員長を務めていらっしゃいます。専門は情報工学で、15年前から自動化の技術に興味を持ち、ＲＰＡの研究や教育に取り組まれていて、最近は生成ＡＩも含め、学生の教育やご自身の研究活動に自動化を活用されています。

株式会社エクサウィザーズ　チーフAIイノベーター　石山 洸氏

リクルートのＡＩ研究所を設立し、初代所長を務めた後、ＡＩの専門家として介護へのＡＩ応用をはじめとするさまざまな社会課題解決に取り組んでこられました。直近では生成ＡＩも取り込んだＡＩソリューションのプラットフォームの提供に注力されています。以前からＲＰＡには注目してきたという石山さんは、全体を把握してルールを作るＡＩと個別化を許して実際に動かすＲＰＡが役割分担することで、自動化と多様性を両立した、複雑系のシステムが制御できると考えておられます。

一般社団法人Robo Co-op　創業者兼CEO　金 辰泰氏

デジタルで社会課題の解決に貢献したいという思いでＲＰＡの可能性を信じて独立し、「Ｒｏｂｏ Ｃｏ－ｏｐ」を設立されました。難民やシングルマザーなどの背景を持つ方々を対象にＲＰＡや生成ＡＩなどのデジタルスキルの教育を提供することで、多様な人材が就業機会を得て経済的自立を果たし、ありのままに輝ける世界を目指していらっしゃいます。Ｒｏｂｏ Ｃｏ－ｏｐで教育を受けたメンバーは企業や国際機関のＤＸ支援や、講師としてＲＰＡや生成ＡＩの研修に携わっています。

それぞれの立場で新しい自動化に取り組む皆様に、自動化の現状や課題、生成ＡＩがもたらす変化、そして自動化の未来について、縦横無尽に語り合っていただきました。

（司会進行：一般社団法人次世代ＲＰＡ・ＡＩコンソーシアム　フェロー　梶尾大輔）

ＲＰＡの浸透に一番有効だった「教え合い」の文化

――中外製薬は本書の事例でも紹介させていただきましたが、自動化の導入と全社展開に成功されているケースだと思います。小原さんから見て、何が成功の鍵だったと考えられますか？

小原：２０１８年からＲＰＡ導入を始めましたが当初は「多くの定型業務に追われる社員がもう少し楽になれないか」というところを目指して当初はボトムアップで活動していました。

2020年に、「CHUGAI DIGITAL VISION 2030」を掲げデジタルを活用した創薬を目指す中で、自動化についても全てのバリューチェーンの中で使っていこうという方向性が固まりました。

全社展開を進めるに当たり、私が一番効果があったと思うのはMicrosoft Teamsのコミュニティーができたことです。現場のユーザーがコミュニティーの中で、RPAだけでなく、Pythonなどさまざまなツールの活用について1000人規模のコミュニティーで教え合う文化ができています。事務局はそれをサポートしつつ現場の人たちが輝くようなアワードや社長賞を運営していました。

難しかったのは、最初は「RPAって何？」「デジタルなんて使わなくていいのでは」と、特に中間層の理解が進まないことでした。そこを乗り越えるために、事例の中で紹介したように、トップダウンで全部門に号令をかけてRPAでの時間削減計画を提出させるようなこともしました。しかし、あくまでも本来

中外製薬株式会社　デジタルトランスフォーメーションユニット　ITソリューション部長　小原圭介氏

の目的は「時間削減」ではなく、仕事を楽にしてそのリソースを創薬に回し、より価値を生み出すことであるということは忘れてはいけないと思っています。

――矢向先生は慶應義塾大学AIーCでRPAの教育に取り組まれていますが、大学での自動化への取り組みというのは企業とはまた違うものでしょうか。

矢向：そうですね、私自身は情報工学の研究者として、15年以上前からRPAや最近はAIをテーマにして、自分の研究の中で自動化を活用したり学生に教えたりしています。とはいえ、小さな1つの研究室の中でのことなので、何万時間を削減しましたとか、そういう形で効果を測定するようなものではないです。

大学全体についていえば、大学の職員組織と教員組織は別組織なので、職員組織の方でどのくらい自動化が進んでいるのか、それでどれだけ効率化できたのかといったところは把握できていません。学生には、自動化で研究を効率化したり、サークル活動で使ったりすると面白いことがあるよ、とAICでRPAを紹介しています。それを見た職員が触発されて、仕事にも使うということが徐々に広がりつつあるようです。私自身は昔からRPAはAIと組み合わせる方がいいと思っており、最近は良い方向に自動化が進化してきたと感じています。

――学生はRPAや生成AIによる自動化をどう受け止めていますか?

矢向：学生といっても理系の学生と文系の学生では、日頃のITへの接し方が全然違っています。例えば理工学部の学生の多くは、普段クラウドのサーバーやLinuxを使っているので、「わざわざＲＰＡを立ち上げるためにWindowsを使う必要がありますか?」というところからスタートします。一方で文系の学生は、エクセルを使っていてもマクロすら書いたことがない人が大半なので、ＲＰＡで自動化ができると聞いただけで驚いて目をキラキラさせています。ＩＴに詳しい学生とそうでない学生で受け止め方が全然違いました。

とはいえ、ＲＰＡの授業は必修ではないので、参加者は基本興味があって、やってみたい学生です。企業の中で普及させようと思うと、小原さんが苦労されたように、「業務外でなぜ学ぶ必要があるのか?」という抵抗があったと思いますが、学生に関してはエンカレッジに苦労することはありませんでした。

生成ＡＩは学生の皆さんもかなり使い始めています。私自身は生成ＡＩで画像生成や３Ｄモデルの生成を研究しているのですが、ＲＰＡの文脈ですと生

慶應義塾大学大学院 システムデザイン・マネジメント研究科 教授　矢向高弘氏

成ＡＩはＬＬＭ（大規模言語モデル）ですよね。これが普及してくることで、今までは「画像認識のＡＩを設定して、Ｗｅｂページの中のボタンを探して、押して」という指定をしないといけなかったのが、言葉で指定するだけでわざわざ画像認識を設定しなくても、よしなにやってくれるようになります。これは多分すごく大きなことで、もう少しするとキーボードをたたく、フリック入力するといった行為がなくなって、音声と言葉だけでコンピューターを操作することが日常になってくるんじゃないか。そんなふうにユーザーインターフェース自体がガラっと変わることを、学生は敏感に感じ取っています。

生成ＡＩで学び方が大きく変わっている

――金さんのＲｏｂｏ Ｃｏ－ｏｐでは、生成ＡＩをどのように活用しているのですか。

金：Ｒｏｂｏ Ｃｏ－ｏｐはシングルマザーや難民など多様な背景を持つ人材を教育してリスキル、アップスキルさせ、就労してもらうというモデルなので、教育と就労はセットになっています。その中で、生成ＡＩによって学び方が大きく変わっているということはとても感じます。

以前はSlack上の質問掲示板で質問して、時間がある時に先輩が回答したり経験をシェアし

てくれたり、という感じだったのが、生成ＡＩによって24時間いつでも答えてくれる家庭教師が付くようなものなので、学習曲線がめちゃくちゃ上がるんですよね。うちのメンバーも最近はもう私に質問してくれなくて、みんな生成ＡＩにまずは聞いて先輩と必要なら確認するぐらいで済んでいます。ＲＰＡでＳＡＰを連携したり、Test Suiteでソフトウエアのテストを自動化したり、ＡＰＩを通じてChatGPTをPythonでいじったり、ＲＡＧも自動化で活用したりと、私ができないことまでどんどんできるようになっています。

生成ＡＩのおかげで、今までやったことがなかった仕事を振られてもプロンプトがあればプロの仕事が複製しやすくなり、大きな可能性が広がります。例えばグラフィックデザインを学んだことがなかった人でも、プロンプトさえわかれば画像や動画が作れる時代になりました。コンサルタントの立場から見ると、これってブルーカラーがホワイトカラーにクラスチェンジしやすくなったということであり、逆にホワイトカラーは本当に専門性を突き詰めてそれをプロンプトに落と

一般社団法人Robo Co-op　創業者兼CEO　金 辰泰氏

し込むとか、ＡＩでさらに高度なことができるようにならないと、仕事を失う可能性がある時代になったということでもあると感じています。

慶應義塾大学ＡＩＣの事例で紹介されていた、半学半教というのはＲｏｂｏ Ｃｏ－ｏｐにも共通するところがあります。うちではトレイン・ザ・トレーナーモデルと言っているんですが、やはり教えるということは最良の学びの機会だと思っています。教える側に回ることで、自己肯定感も上がりますし、教えるがどんどん連鎖することでセカンドチャンスも広がりやすくなります。最近はオーストラリア等の大学が国の予算を使って難民の留学生を受け入れるプロジェクトをやっていて、そこでＲｏｂｏ Ｃｏ－ｏｐの難民のメンバーが、学生のインターンシップでデジタルスキルを教えたことで、大手ＳＩｅｒにリクルートされたということもありました。

生成ＡＩ＋ＲＰＡで間口が広がり、さまざまなキャリアパスがつながる

石山：金さんにお聞きしたいのですが、Ｒｏｂｏ Ｃｏ－ｏｐでは難民やシングルマザーなどさまざまな人が自動化を学んでいらっしゃいますが、皆さん同じようなマインドセットで、同じように学んでいるのですか？

金：マインドセットや学び方は人それぞれですね。自動化で効率化、工数削減を進めたい、そのためにフローの作り方やドキュメンテーションを学びたい人もいれば、クリエーティブ系のAdobeやCanva、動画の生成ＡＩを学びたい人もいます。情報を得るのも映像からが得意な人、耳から聞くのが得意な人、体感するのが得意な人、文字から入るのが得意な人とタイプがあります。その後の情報処理もトップダウンで処理する人、ボトムアップでする人、あるいは感覚でする人などさまざまです。

個人差があるので学習の経験は寄り添ってカスタマイズしてあげた方がいいのですが、一方でミッションとして教育の無償化があるので、現実はどうしても5人1組で学び合い、定例会をし、質問掲示板でフォローし最終テスト、みたいな範ちゅうにとどまっています。最近はＡＩにいつでもなんでも聞けたりするので、得意不得意に合わせたチャットボットのパーソナライゼーションに取り組み始めています。

もともとはノーコードやローコードのＲＰＡから

株式会社エクサウィザーズ　チーフAIイノベーター
石山 洸氏

始めたんですけど、そこに生成ＡＩをつなげるといろいろなことができるようになります。クリエーティブな人はデジタルマーケティングの領域でプレスリリースのＷｅｂ記事の作成を自動化したり、トラフィックのデータ収集に加えて分析や提言も自動化したり、関連画像や動画も生成しランディングページ構築も自動化できたりと、そんな多様なキャリアパスを目指してスキル構築している人が結構増えています。ＲＰＡと生成ＡＩは、さまざまなキャリアパスをつなげる機会になっていると思います。

ノーコード・ローコードは学びやすくて稼ぎやすいということで、5年ぐらい前にＲＰＡから始めていったのですが、生成ＡＩのおかげでもうノーコードどころかノータイプになってきています。すると、例えば発達障がいを抱えていらっしゃる方など働きづらい方が参画できる道も開けてきますし、パソコンよりモバイルが得意なシングルマザーの方なども働きやすくなっていきます。

石山：マルチモーダルになった生成ＡＩがＲＰＡと合わさることで、雇用機会も増えて、どこでも誰でも活躍できるようになってきたということですね。

小原：自動化を進めていくに当たって、みんなが参加しやすいというのは大事だと思っていて、それが普及につながったのかなとは感じています。年齢に関係なく、興味を持ってやってみたいと思う人はいるし、それを受け入れる体制が大事だと思います。結局、デジタルリテラシーもやりたい人がやることで周囲にどんどん広がっているところもあると思いますので、そういう仕組みづくりは大切ですね。

全員が必ずＲＰＡを使えるようになる必要はない

矢向：学生も人それぞれで、シミュレーションなどで普段コンピューターを使い慣れている学生がＲＰＡが得意ということはなく、デスクワークが好きな学生でも自分で一からタイピングするのが好きでＲＰＡなんて使わない、という人もいます。逆にウエットな（実際に実験装置を操作する）実験をする学生でも実験計画をＲＰＡに立てさせたり、データの分析をＲＰＡで自動化して効率よく実験したりする人もいます。なのでそこは個性かなと思います。最近はマテリアル（材料）開発に生成ＡＩを活用するのが流行っていて、化学系の先生や機械系の先生も生成ＡＩを活用し始めています。

一方で、学生にはあまりないのですが、一部の教員や職員の中には「ＲＰＡやＡＩは私の範ちゅうじゃない」といって排除する人がそれなりにいます。大学の場合、特に教員は一人一人が独立して好きなようにやっているのでいいんですが、企業の方はそうもいかないんだろうな、かじ取りが難しいんだろうなとは思います。先ほど小原さんが強権発動したとおっしゃっていましたが、ジョブディスクリプションにないことをやらせるのも難しいとかいろいろあるんじゃないかと思ったのですが、どうですか？

小原：全社展開をしたといっても、「今でもあまりＲＰＡは使わない」という人はそれなりにいると思います。生成ＡＩが出てきたことで、そういう人たちの一部は使い始めるかもしれません。ですが、無理に全員がＲＰＡを使えるようにならなくてもいいかな、というか、それが全てじゃないとは思っています。

会社としては、本当に使いやすい自動化の事例をたくさん作る、業務の時間をたくさん使わなくても開発できるよう、ベンダーの支援体制を整備するといったことにコストをかけています。そうした浸透させる施策は取っていますが、だからといって全員が必ず、自分で開発できるようにとは考えていません。

大企業に自動化導入を促進するポイントはエンゲージメントと「笑い」

――大企業の中にＲＰＡやＡＩを浸透させていくのは大変そうだというお話でしたが、石山さんは普段大企業の方に自動化やＡＩ導入のコンサルティングをされています。何か、大企業の導入を促進するような、ツボの押し方のようなものはあるんでしょうか。

石山：ツボ押しはとても重要だと思っています。まずは、検討スコープを広げるためのツボ押しが大切です。例えば横軸が検討スコープで、縦軸が自動化の創出インパクトだとすると、検討スコープが狭いところから始まっていると、どれを選んだとしてもリターンがそもそもROIの基準に到達しない、ということが結構あります。そこでいきなり「それはあなたが間違ってます」と指摘すると話が終わってしまうので、そうならないようにする、アラインメントが重要になります。

アラインメントのために何が大事か。以前、フランスの介護士にAIを使ってもらうために、3日間の学会の期間中にアラインメントして導入を決めてもらうというチャレンジがありました。私は、初日はバンケットでひたすら「オー・シャンゼリゼ」を歌っていました。2日目は、AIの話はおくびにも出さず、ひたすら介護の話をしました。そして3日目に、AIや自動化の話をしよう、と言ったら「どうせお前はAIを売りに来たんだろうが、お前はいいやつだから導入してやるよ」と、内容の説明も聞かずに導入してくれたことがあり

次世代RPA・AIコンソーシアム フェロー 梶尾大輔

ました。これはちょっと極端な例ですが、まずはＡＩや自動化の話に行く前に、リレーションやエンゲージメントを、時間をかけてつくることが最初だと思います。

では実際に検討スコープを変えてもらうためには何が有効か。いろいろ試したした結果、「笑わせる」のが一番いいという結論に達しました。なので、最近は1回笑わせるミームをデモとして打ち込むというのがよく使うテクニックです。例えば、「営業力強化」という課題を持っている企業に、ＡＩで営業ロールプレイングができるようにしようという提案をしても遅々として進まない。そんな時に、「ＡＩ入れて御社のＣＭに出ているタレントと営業ロープレできるって言ったらやってみたいですか」と言うと、いろんな人がやりたい、って言うんですよ。もちろん提案しているシステムで実際にタレントは登場しませんが、みんなの頭の中にはそのイメージが湧いているので、検討スコープが変わって一気に導入が進む、というようなことはよくあります。あと鉄板ネタとしては、「生成ＡＩで般若心経をミスチルっぽく歌う」というのをやると売れるとかね。

こんな感じで、検討スコープを変えるための、ミームっぽい笑えるデモを1回やって、好きになってもらってから本提案をするとみんな心が動くなと思いました。最近は生成ＡＩのモダリティーが上がってきたので、生成ＡＩでおもしろいデモを作ってぶつけるということもしやすくなりました。

ＡＩの知見をためると同時にセーフティーネットを準備する

金：大企業のツボをどうやって押すかは、あらためて自分も捉えなおしたいと思っていたことです。というのも、Ｒｏｂｏ Ｃｏ－ｏｐにはシングルマザーや難民の背景を持つ多様なメンバーがいるので、「業務委託が社会貢献になるよ」といった、インパクトソーシング的な文脈で仕事を依頼されることがあります。ＥＳＧやＳＤＧｓに敏感な企業としてありがたい始め方なのですが、そういった依頼をされる組織はリスク因子への感度が高いことが新しい技術の普及の障害となったりします。

例を挙げると、とある国際機関から「プロンプトエンジニアリングの教育をＲｏｂｏ Ｃｏ－ｏｐのメンバーにお願いしたい」という依頼があったのですが、まず、セキュリティーポリシーがものすごく厳しくて、ChatGPTが使えないんですよ。Microsoft Copilotは使えたのでそれでやったのですが、研修の最初にＩＴ部門の方が、最初にセキュリティーポリシーに関して話したのがもうおどろおどろしくて、ＡＩを使うと個人情報が抜かれるかもしれないとかＡＩはウソをつくかもしれないとか、怖いことばかり書いてあるんです。もう始まる前からお通夜です。

新しい技術にはノリノリで食いついていくスタートアップに比べて、大企業はＡＩのリスクやペナルティーに関してものすごく厳しく考えていて、ポジティブな側面をどう説明して受け入れてもらえばいいかは悩みどころです。

石山：いろいろパターンはありますが、私自身の場合は上場企業の役員であり、AIの専門家であるという自分の立場と肩書きをフルに利用します。でも、大企業だから、国際機関だから、というのは単なるバイアスだと思うんですね。ステレオタイプに組織を捉えるのではなく、中にもいろいろな個人がいます。ダイバーシティーを尊重して、異なる個人に対して丁寧に対応していくということが必要だと思います。

最近ニュースで見たんですが、週1回以上声を出して笑っている人に比べて、笑っていない人は死亡のリスクが2倍になるのだそうです。逆に言うと、笑わせることで死亡率を下げる、ちょっと踏み込んだESGみたいにも言えるのかなと思ったりもして、社会を良くするためにみんなで笑おう、という考え方もあるのかもしれない。笑わせる一方で、専門家として、AI倫理については自分が一番詳しい、という側面を見せていくのが重要です。笑わせつつ知見をためてしっかりと見せていく。これはトレードオフではないので両方やり切ることでより信頼感が大きくなるし、オーセンティックなのにめちゃくちゃ笑わせるということができるようになる。「コンプライアンス意識が高い企業の人は笑ってくれない」なんてことはなくて、それはまだまだ修行が足りないんですよ。

小原：社内で生成ＡＩを展開していく中で、やはりコンプライアンス部門の人の説得は大変だったのを思い出しました。製薬会社なので企業文化として「失敗してはいけない」ということが根付いているので、リスクがあることにはなかなかうんと言ってくれない。なんとか巻き込んでいち早く使えるようにはしましたが、次に新しいことをやる時には「笑わせればいいんだ」メソッドはぜひ活用したいですね。ＮＲＡＣもBeyond Smileを掲げています。

石山：新しいことを導入する時には、セーフティーネットとしてデバッガーを用意しておくのが重要ですね。例えば生成ＡＩで作成したコードはいきなり本番にデプロイせずにデバッガーでエラーが出るかを試します。創薬であれば、ＲＰＡやＡＩを使って新薬を開発しても必ず治験を行うので、それがデバッガーとして機能するのではないでしょうか。どこかの工程の中にデバッガーを入れることによって、比較的手前の工程でヤンチャをしてもきちんとエラーが検出される構造を作り込んでいくことが重要かなと思います。

社会的弱者とされてきた人たちが自動化を武器に世界を変えている

――皆さまそれぞれの現場の話をお聞かせいただきました。日本に「自動化」が入ってきてから7年たつわけですが、この7年間で自動化を巡る風景はどう変わったと思われますか。

金：ポジティブな変化としては、学び方も働き方もアップデートされていると思っています。多くの人が学ぶ機会を得られるようになり、生成ＡＩによって効率的に学び、さまざまな仕事に就くチャンスが得られるようになっています。

自動化は人の仕事を奪う、と言われますが、Ｒｏｂｏ Ｃｏ－ｏｐのシングルマザーや難民の背景を持つメンバーは、自動化で仕事を得ています。それでは他人の仕事を奪っているのかというとそうではなく、足りないＤＸ人材の担い手として補っている。労働力がどんどん不足していくのだから、皆で足りない対応力を補うためには自動化を促進する必要があります。定型業務がなくなり、高付加価値業務に集中できれば、新たな事業や業務も生まれてくる。

今まで就業のチャンスがなかったシングルマザーや難民の背景を持つ人々が教育の機会を得て、教え合うことで自動化を身につけ、人生も変わっています。例えば日本は難民認定がなかなか下りないけれど、自動化スキルを身につければ高度人材ビザが取得できます。Ｒｏｂｏ Ｃｏ－ｏｐのメンバーの中には、高度人材ビザを取得することで日本に来られたミャンマーのビルマ人や、高度人材ビザによって出国が可能になり、数年ぶりに帰国して家族と会えたコンゴ人、家族を日本に連れて来られたウクライナ人もいます。今まで社会的弱者とされていた人たちが、貪欲にチャンスにしがみつき、人生も世界も変えているのです。

一方で、ボトルネックは生成ＡＩのもたらすリスクです。インターネットの情報を学習した生成ＡＩが差別的な回答をしたり、ウソの回答を作り出すハルシネーションによって判断を間違えたりといったリスクが、ＲＰＡによる自動化の実行結果に影響を及ぼす可能性がありますし、生成ＡＩの使われ方によってはユーザーのプロンプトや入力データが外部に漏えいするリスクがあります。日本はいい意味で欧米と比べて規制が緩いので、ＲＰＡとＡＩの融合が加速度的に進んでいくと思いますが、するとリスクも加速度的に進んでいきそうに思います。

石山：ホワイトカラーの領域で、ＲＰＡ＋生成ＡＩで課題解決ができるようになっています。この2〜3年以内に、ロボットも含めて、ＲＰＡ、ＬＬＭ、ＩＴの垂直統合が来ると予想しています。また、Ｂ2ＣにとどまらずＢ2ＢのＳａａＳアプリもＵＩがチャットやアバターになっていくと、自動化ソリューションとキャラクターなどのＩＰ（知的資産）の垂直統合が進んでいくのではないでしょうか。そうすると、海外の自動化系のプレーヤーと日本のＩＰの垂直統合が進む可能性もあります。クールジャパン的な目線では日本のコンテンツの安全保障という観点も重要になってくると思います。

もう一つの重要なレイヤーが、金さんが取り組んでいるような社会課題への取り組みです。これはグローバルな課題で、ここでもＲＰＡ、ＬＬＭ、ＩＴ、ＩＰの4者が垂直統合されていくと思います。これらが、5年ぐらいで人がすべきことなのかなと思います。

リスクに関しては、最近、ＬＬＭの開発者の中でも、生成ＡＩの倫理についてさまざまな意見があったり、突然研究をやめてしまう人がいたりで、おそらくあらゆる人の心の中に葛藤があるんだろうなと感じますし、それは自然なことだと私は感じます。葛藤を感じながらも、社会課題の現場で実際にミクロな課題を聞きながら、リスクや倫理観も含めてアラインメントしていくことが大事なのではないでしょうか。

創出時間ではなくどのような価値を創出できたのかを指標に

小原：中外製薬ではＲＰＡ導入から6年たって、全社デジタル化の流れでいえば基盤づくりが終わったところです。その一環として、社員のリテラシーを上げるためにＲＰＡに取り組んできました。２０２４年の大きな変化は、ＲＰＡの効果として時間を指標にするのをやめたことです。デジタルでやりたいことは創薬なので、そのためにＲＰＡで作り出した時間でどんな価値を創出できたのかというアウトカム思考に変えようとしています。

この動きと生成ＡＩ活用の動きはリンクしていて、今までのＲＰＡ推進体制を昇華する形で生成ＡＩの推進体制を立ち上げ、活動を始めています。今はちょうど転換期といえます。

矢向：企業の利用者の方はＲＰＡと生成ＡＩを組み合わせることでリスクが増えると考えているところもあると思いますが、じゃあそのリスクを減らすにはどうすればいいかという手立てはあまりないのが現状だと思います。

ＡＩ研究者は、生成ＡＩ技術を進化させる研究だけでなく、より安全にＡＩを進化させることも役割だと考えています。２０２３年12月にＩＢＭとＭｅｔａが発起人となり、ＡＩアライアンスという国際的なコミュニティーが発足しました。慶應義塾大学も設立メンバーとして名を連ねています。アライアンスの一環として、ＡＩ開発企業の各社が扱うモデルや学習データなどの要素についてどの程度情報開示されているかを調べた論文が発表されています。

こうした活動の成果として、ＡＩ企業も情報開示を徐々にするようになりつつあり、安全を担保できるようになってきています。いずれはＡＩを安全に使える社会にならないといけないと思っています。リスクを必要以上に考えずに使えるように、研究者も頑張っています。

金：ＡＩを安心して使えるように研究していただいているのは素晴らしいと思います。別の視点で私が最近考えるのは、「ＡＩと自動化で働く人は幸せになれているのか?」ということです。例えば週休2日という働き方は昔からずっと変わっていません。

私は労（ねぎら）うために勤（いそ）しむという意味で「勤労」を捉え直して、働く人が自動化により誰もがありのままに輝くことを大事にしたいと思っています。が、そうなった時に自動化によって週休3日になり自由な時間が増えるのか、それとも何か別のことが変わるのかはまだ整理されていません。

石山：『雇用の未来』『未来のスキル』を発表したオックスフォード大学のマイケル・A・オズボーン氏はエクサウィザーズの顧問を務めていたのですが、彼は「ジョブディスクリプションに10個のタスクが書かれていたとして、従来は10個全部できる人しか採用されなかったが、今は自動化で半分やらせて残りの半分ができたら採用される可能性がある」と言っています。自動化によって雇用のチャンスが多くの人に増えるというのは良いことではないでしょうか。

新しい自動化はビジネスの競争力に直結する

――これまでのお話でも、生成AIによって自動化は大きく変わりつつあるという印象を受けていますが、あらためて、生成AIで自動化はどう変わるとお考えかをお聞かせください。

小原：RPAのような自動化ツールの民主化はかなり進んできましたが、2023年ごろから生成AIが急速に浸透してきています。生成AIとRPAが融合すると、本当にビジネスの価値創出につながると思っているので、そこにフォーカスしていきたいと考えています。

そのために、リソースや教育を生成AI中心にシフトしています。ビジネスの価値創出はすなわちビジネスの競争力そのものだと思うのです。なので、生成AIの開発力や利活用を推し進めていくために、この分野の内製化を進める必要があると思っています。とはいえ事業会社ですので、リソースには限りがあります。そこで、サポートしていただけるパートナーを選ぶなど、「内製化力」をつけていく取り組みを進めつつあります。

大勢の学生を対象にした教育の効率化に期待

矢向：自然言語でコンピューターにいろいろなことが頼める生成ＡＩはインターフェース革命だと思っています。生成ＡＩ＋ＲＰＡで、人間の秘書の役割もある程度まではカバーできるようになるでしょう。予定が詰まっているのにどうしてもミーティングを入れたい時に、スケジュールを確認して、他のミーティングの関係者と連絡を取り合い、予定を調整するぐらいのことは、そのうちできるようになると思っています。

生成ＡＩによって教育改革も進むと思います。教員が教えたいコンテンツは生成ＡＩに教えておくことで、学生は好きな時間にＡＩに質問したり、友達同士でＡＩと対話しながら学んだりすることもできるようになります。教員の役割は、ＡＩが回答できないような学生の質問に個別に答えることになるでしょう。授業はよりインタラクティブになり、大教室での一斉講義は減っていくのではないかと思います。

また、理工系の学部であれば実験や演習があります。百聞は一見にしかずで、実際に自分で手を動かして結果を確かめる体験に意味があるのですが、実験や演習でもコンピューターシミュレーションを活用して計算機の中でシミュレーションを行うことで、体験を少しでも増やしていくようなことは始めています。

投資対効果を考えると、研究室の研究指導はピンポイントで、個人指導でやるものなので、AIやRPAで効率化する意味はあまりないように感じます。それよりは大勢の学生を対象にした教育をできるだけ効率化することに期待しています。

平均値を底上げするRPAと多様性を広げる生成AI

石山：ちょっと期待しているのが、生成AIをRPAに掛け合わせることで分散が高まり、多様性が広がればいいなと思っています。従来のRPAによる自動化は、同じことを間違いなく素早くやる、平均値を底上げする効率化なんです。そこで余力が出てきたところで、生成AIを掛け合わせることで、ちょっとイノベーティブなアウトプットにもチャレンジしてみることができるのではないか。時にはハルシネーションを起こしてうまく動かないことがあっても、時にはものすごい成果が得られるようなことがあれば面白いと思っています。

生成AIのアウトプットクオリティーはまだ不確実なところはあるけれど、社会課題も不確実、ソリューションも不確実なところがあります。不確実なものと不確実なものをフィットさせるには、ルールを決めて動かすＲＰＡだけでは限界があります。じゃあそこでＡＩを入れてみよう、という時に、従来のＡＩは教師データを集めて、学習させてみて、ある程度以上の効果が見込めそうなら現場に投入しよう、という感じでした。でも生成ＡＩはデータがなくても「ちょっと使ってみよう」という感じで、誰でも試すことができます。生成ＡＩによって、不確実性が高まっている社会環境の中で、誰でもサイコロを振ってチャレンジができるのはいいことなんじゃないかと思います。

ＲＰＡは生成ＡＩものみ込んだ接着剤になっている

金：Ｒｏｂｏ Ｃｏ－ｏｐの究極的なミッションとしては１００万人規模の難民やシングルマザーを教育したいと思っているので、生成ＡＩやＲＰＡには教育の効率化へのポテンシャルを感じています。

ｅラーニングは人によって合う、合わないがありますので、ＡＩアバターのような24時間その人に合うような形でいつでもどこでも何語でも適したインプットのフォーマットで学べるような仕掛けが作れないかと考えています。そういうものがあれば、知識は事前に学んで、授業ではディスカッションに注力できますし、プログラミングの練習も量をこなせるようになり、学びが効率化されるのではないでしょうか。

生成ＡＩとＲＰＡの組み合わせで、自動化できる業務の幅が増えました。中堅企業のＲＰＡがちょっと難しいと思う人たちも、生成ＡＩは使ってみようと思えます。で、実際に使ってみると、もう少し難しいことをしたくなって、そうすると自分の代わりにコンピューターを操作してくれる手足が欲しくなるので、ＲＰＡも入れたくなる。大企業であれば、ＲＡＧで社内のさまざまなデータをモデルに学習させますが、データを効率的に集めてくるためには、やはりＲＰＡが重要です。

ＲＰＡは社内のシステムをつなぐ接着剤だと昔から言われてきましたが、生成ＡＩも含めてつなぐ接着剤になってきたのが面白いと思います。インターフェースはチャット、ＡＰＩやＲＡＧでシステムとデータをつなぎ、多様なＬＬＭで分析などをする。大企業の重役でも自然言語で自動化を試せるようになってきているのが面白いですね。

生成ＡＩ×ＲＰＡの自動化は働き方も教育も変える

――最後に、自動化の未来について伺います。生成ＡＩとＲＰＡの掛け合わせによって、自動化はどう進化していくと思われますか？　自社、業界、世界、もっと大きな目線でも、思うところを自由にお話しください。

小原：生成ＡＩは既に業務でも使うようになっていて、最近社内ではMicrosoft 365のCopilotで議事録を作る人が増えています。Microsoft Teamsの会議であれば終了後に勝手に議事録を作って、サマリーと担当者別のアクションアイテムまで作成してくれます。コロナ禍が終わって出社できるようになった一時期、会議は会議室で集まるものだったけれども、Teamsの方が、後工程が楽でいいとTeamsを利用することが多くなっています。

自動化の未来というテーマなんですが、事業会社としては、ＲＰＡも生成ＡＩも、コモディティー化することを期待しています。そうなれば、使うこと自体がどうというよりも、より本質的な議論が深まったり、仕事の進め方自体が変わったりするのではないでしょうか。スマートフォンのように、誰もがＲＰＡと生成ＡＩを使える民主化を期待したいです。

矢向：教育の現場では、既に採点業務の自動化などは既に行われています。そこに生成ＡＩによる分析を掛け合わせることで、個人の特性を検出して「どのようにこの学生を育てるか」という指導をよりスペシフィックにできるようになればいいと思います。今は研究室に所属している少数の学生にしているような、個人の特性に合わせた学生の指導が1年生のマス教育の時期からできるようになると、大学に行く意味が変わります。

今の大学ではカリキュラムに沿って4年間で学べることと身に付くことが決まっていますが、未来の大学は「大学に入ることで自分のスキル、特性に合わせてここまで成長できます」という多様化を図る教育ができるといいと思います。個人のスキルをいかに伸ばすかが教育分野では一番大事ですから、目指すところはそこだと思います。

自動化やAIは土台となり、人はどう生きるかが大切になる

石山：最近の研究者の動向を見ていると、生成AIや自動化は環境に近いというオピニオンを持つ人が増えています。自然環境と対比して、情報環境とでもいいましょうか。その中で、株価が上がったり下がったりするように、自動化も比較的自律的に動く対象として捉えるようになりそうです。

自然環境を人間はある程度まではコントロールできても、完全にコントロールすることはできません。同様に情報環境も、人間が完全にコントロールはできない中でどう生きるかが大切になってくるのではないでしょうか。AIがどこにでも遍在している、ユビキタス性が自然な社会になるのではないかと思います。

金：人間が輝くために、自動化が土台として当たり前になって、RPAとAIの違いも見分け

がつかなくなると思います。そして自動化が進む中で、人が働くことが必須ではなくなり、「何のために働くのか」「なぜ経済活動が必要なのか」を問う世界になっていくと思います。

ちょっと最近危ういと思ったのが、インターンに文章のドラフトを作成するプロンプトを渡してても全然結果が出てこなくて、「どうしたの」って聞いたら「生成ＡＩが答えを生成してくれないから仕事が終わらない」って言われたんです。こういう、機械に人が使われてしまうようなことが起こるのは怖いなと思います。

文化人類学的に言うと「技術」と「技巧」という概念があって、人間は道具を使いこなす「技巧」を高めないといけない。なのに、スマートフォンという「技術」に多くの人が使われているのが現状です。先ほどのインターンの例も、生成ＡＩという「技術」に使われてしまっている例です。自動化についてはより意識的に「技巧」を高めることをやらないと、何万人では済まない単位の人たちがいったん仕事を失ってしまうことは間違いないでしょう。だからといってＡＩやＲＰＡをやめるかというと、技術は水にインクを垂らしたように広がっていくものなので、止めることはできません。

自動化が当たり前になってベーシックインカムが配られるようになり、シンギュラリティが来てますますオートメーションが賢くなると、「人って何のために働くんだろう」ってなるかもしれません。そんな時にも「私はこの仕事が好きなんです」って言いながら皆が好きなプロジェクトをして、対価も交換し、価値を創造できる世界だといいですよね。

——さらにもう一段進化した自動化として、生成AIが自律的に手順を考え、RPAに実行させる、エージェンティックオートメーションが注目されています（本書第2章で紹介）。こうした新しい自動化に対して、皆さんはどのような期待をされますか。

小原：現状の自動化で課題を感じていることとして、多くのロボットが稼働するようになって、維持していくのに工数がどんどん大きくなっていることが挙げられます。弊社の場合2026年にはERPの刷新を予定しており、そこでUIが変わるとロボットを対応させるのが大変になりそうです。そこでエージェンティックオートメーションが、新しいUIに合った形にロボットを自動で修正してくれるとすごく助かりますね。新規のロボットを作るのも、生成AIを利用して自然言語でワークフローの作成や修正ができるようになれば、今は市民開発で対応し切れない高度なロボット開発をパートナーに外注しているコストが抑えられる可能性があります。

今の生成AIは、単独ではちょっと信頼できないところもあるけれど、判断ができるということは人間の役割の一部が置き換わる可能性があると思っています。正確さを担保するためにRAGを使うということは今もやっていますが、RPAを使って正しい情報を集めてきたり、実行段階でＲＰＡがセキュリティーやバリデーションを担保してくれるという考え方はありますね。生成ＡＩとＲＰＡのロボットがつながるイメージは今まであまり持てていなかったのですが、エージェンティックオートメーションの話を聞いて、ロボットが生成ＡＩでどんどん進化していくという期待が持てました。

矢向：人工知能領域では「エージェント」についての研究は以前から行われています。生成ＡＩが登場した後は、生成ＡＩを使ったエージェントも研究領域としては活気があり、自分も取り組んでいます。ただ、一つ思うのは、生成ＡＩと自律性は独立して進化しているということです。エージェンティックオートメーションの中で生成ＡＩが重要になるのは、人間とのインターフェースになること。エージェントが困った時に人間に判断を仰ぐために自然言語でコミュニケーションできる必要があります。エージェントが自律的な動きをする時に生成ＡＩが役立つというものではないと考えています。

自律的な自動化の第一歩は、「このタイミングで必要になるはずだからやっておく」という、動き出しのタイミングを自分で判断できることかなと思っています。今までのＲＰＡでは、業務のワークフローの中でロボットの動き始めるタイミングを、人間が指示を出す、時間を指定する、動作開始条件を明示するなどの方法で明示的に示しています。それを最初の１回だけは指示してもその後は言わなくてもやってくれるようになれば、人間のやりたいことの下準備という役割をしてくれるのではないかと思います。自分の研究であれば、どんどんたまっていく論文のＰＤＦファイルをうまくオーガナイズして自動で整理してくれたり、機械学習に使用するデータを入手した段階で分析しやすい形に整えてくれたりすると、とても助かります。

――エージェントは研究のアシスタントになっていくと思いますか？

矢向：Ｓａｋａｎａ ＡＩというベンチャー企業が開発した「ＡＩサイエンティスト」というプログラムがあるのですが、これは研究のアイデアの創出から検証プログラムの作成、評価を行い、その説明をもとに最終的に論文まで自動で作成してくれるものです。中身を見たところ、すでに公開されている複数のＡＩを上手に活用していて、うまくできています。研究者は自分の領域については強いけれども、論文を執筆する時には魅力的なイントロを書く、必要な関連領域を整理するなど、不得意な作業も必要になります。そこをＡＩにアシストしてもらえるというのはとてもありがたいことです。エージェンティックＡＩには日々増えていく新しいＡＩサービスにアンテナを広げてもらって、「やりたいこと」を言うと役立ちそうなＡＩやサービスをサジェストしてくれたり、試用して評価までしてくれたりするととても助かります。

金：２０２４年10月にＡｎｔｈｒｏｐｉｃが発表した「computer use」は、Claude（同社の生成ＡＩ）がプロンプトの指示に従ってパソコンの画面上で操作を行う機能です。今まで生成Ａ

Ｉは画面上のボタンを押せなかったけどそれができるようになって、自動化に生成ＡＩが近づいてきています。ChatGPT o1の発表時も、画面上に妖精がいるようなデモでしたよね。昔のWindowsにいたイルカのカイル君の復活じゃないけど、今の生成ＡＩはアプリケーションを操作してタスクを実行する方向に進化しています。その先にエージェンティックオートメーションが実現するかもしれません。

エージェンティックオートメーションは、さまざまなアプリが提供しているＡＩエージェントを横断的に、接着剤のようにつないでオートメーションを実現してくれるというコンセプトであるべきでしょう。SalesforceやCanvaやSlackなどさまざまなアプリケーションが、製品を使いやすくするためのＡＩエージェントを入れ始めようとしています。エージェンティックオートメーションはこれらのＡＩエージェントをつないで、例えば「営業エージェント」としてSalesforceの商談作成エージェントにターゲットと顧客情報と商談を作成させ、提案資料をCanvaのエージェントに依頼して、といったことが可能になるかもしれません。ＲＰＡは社内のシステムをつなぐ接着剤だと先ほど言いましたが、それがより高度になりＡＩエージェント同士をつなげるようになる進化がエージェンティックオートメーションだと思っています。

石山：ＯｐｅｎＡＩは２０２４年7月に、ＡＧＩ（汎用人工知能）実現に向けた5段階のロードマップを発表しています。今の生成ＡＩはロードマップの第2段階に当たる「推論的ＡＩ」

ですが、エージェンティックオートメーションはその次の段階の「自律的ＡＩ」に当たります。現在の生成ＡＩが生成する成果物を組み合わせて新たな価値を提供するようなエージェントがすでに登場し始めており、それがエージェンティックオートメーションにつながっていくと感じています。

ＡＩを組み合わせることで、抽象度の高い高度な問題もエージェントが解決してくれるようになります。人間が問題解決のために新しい技術を身につける「リスキリング」が、そもそも不要になると予測します。

「人間が助けてほしいこと」を助けてくれる自動化へ

――エージェンティックオートメーションによって、人間の働き方や、社会はどのように変わると思いますか。

小原：製薬会社の場合、扱っているものが人の命に関わる薬なので、安全性を確認、担保するための規制のクリアに膨大なデータとさまざまな手続きが必要です。大切なことなのですが、規制をクリアするための作業を自動化することで、生産性が向上するしクオリティーが上がると思います。

矢向：エージェントに頼めることが増えていくというのはとても大事で、人間がどんどん楽をできるようになっていきます。時給1000円のアシスタントは作業を逐一指示する必要がありますが、時給5000円の優秀なアシスタントは抽象的な指示でも自分で多くのタスクに分解して実行し、成果物を出してくれます。

これが進むと、エージェントは「気配り」ができるようになる。それは、何でもかんでもやってくれる、ではなく、「人間がハッピーになるためにはここまでやってくれればいい」という希望や要求をエージェントが推定できるようになるということです。そこまできてようやくエージェントと人間の間にパートナーシップが生まれ、「ここまで自分が判断する」「ここからはご主人様に伺う」が自律的にできるようになります。

人間が得意とすることや楽しいと思っていることにはロボットは手を出さず、面倒だと思うことは先回りしてやってくれる。それを人間が選別するのではなく、エージェントが自律的に判断するようになれば、人間はやりたい仕事だけできる環境になるのではないでしょうか。人によって助けてほしいことのニーズは違うので、人の意をくみ、その人に合った手伝い方をエージェントがしてくれるようになるといいと思います。

金：私も同意見で、面倒なことはエージェントに任せたいけど、大事なことは任せたくない。例えば自分は釣りが好きですが、釣りの楽しみは釣れない時に待つ時間だったり、潮目を自らの経験から読んだりすることです。ＡＩが分析して表示してくれるグラスもあり得るんでしょうけど、そういうものはうるさいと感じます。ちょっと気分が落ち込んで友達と飲みに行きたいと思っている時にストレスセンサーが反応して「メンタルセラピーを受けに行きましょう」なんて言われたくないです。

エージェンティックテクノロジーによる価値の創造と日本が元気になる未来

金：想定されるディストピアな未来シナリオとしては、ブレインマシーンインターフェースが進化して考えるだけでコンピューターに伝わってしまうようになると、何か考えた瞬間にエージェントが先回りしていろいろなことを提案してくる、広告とサジェスチョンがあふれて止まらないようなことが起こり得ます。もともと人間は、95％の時間はマインドレス、自動運転状態で何も考えずに行動していると言いますが、そのような状態では刺激に対して反応するだけで一生が終わってしまうかもしれない。

でも私はそんな未来は嫌で、エージェントには人間の更なる問題解決と価値創出を助けてほしい。これまでＲｏｂｏ Ｃｏ－ｏｐは就業、Employabilityに注力して教育をしてきましたが、これからは起業、Entrepreneurshipについても取り組んでいきます。その取り組みの一環で、今、ガザの難民が、難民のメンタルケアのためのマッチングプラットフォームを開発して、メタバースでグループセラピーを行う新規事業にチャレンジしています。ＳＤＧｓを促進するＵＮＤＰの社会起業家グランプリにも応募しました。

難民がデジタル人材になるだけでなく、イノベーション人材になれることで、仕事を作り、事業として問題解決して価値を届けることができるようなります。日本でも公教育の中で探求学習や表現学習の一環として起業家育成にチャレンジしています。でもそれは簡単なことではないですから、それをエージェンティックオートメーションが支援することでみんなが問題解決、価値を創出できて仕事を作れるようになればいい。そちらの未来にｂｅｔしたい、と私は思います。

石山：日本企業における喫緊の課題として、インフレに対応した賃上げが求められており、そのためには生産性向上が必要になります。生成ＡＩの活用がおおいに期待されており、特に中小企業が生成ＡＩによってトランスフォーメーションできるか、ということが焦点となります。ここで先ほどの人間に対するリスキリングが不要になるという話にもつながるのですが、エージェンティックオートメーションが実現すれば、トランスフォーメーションのための人材を育成するよりは、同じことができる生成ＡＩエージェントを中小企業に実装する方が早いということになります。

私は、政府は人材育成やリスキリングよりは、そのような生成ＡＩエージェント、すなわちエージェンティックオートメーションで自律的に動くエージェントを開発して中小企業に無償提供することを次世代の経済政策とすべきだと考えます。中小企業に実装された生成ＡＩエージェントが、自律的にＡＩを再生産することで投資のレバレッジは高まります。

この生成ＡＩエージェントには、日本が誇る漫画やアニメなどのＩＰ（知的財産）をフル活用すべきです。「ドラえもんが中小企業を支援してくれる」というのは数年前までは冗談でしたが、エージェンティックオートメーションによって数年後にはリアルな世界になるでしょう。生成ＡＩエージェントとＩＰの垂直統合により、生成ＡＩエージェントが誰にとってもわかりやすいものになり、使用のモチベーションが上がります。「人手が足りないが生成ＡＩは利用していない」という状況を打破する切り札ともなるはずです。

日本は歴史的に海外から渡来してきたイノベーションに対して、日本らしいアラインメントにより新しいものを生み出してきました。例えば海外から伝来した仏教から「華道」「能楽」「禅」を創発しました。禅の世界観はＡｐｐｌｅに逆輸入され、iPhoneの洗練されたインターフェースへとつながっています。さらに仏絵師たちが想像した「鳥獣戯画」のようなコンテンツは、漫画の創発へとつながり、広く海外でも人気を博するコンテンツの形式となりました。

同様に、海外から入ってきた生成ＡＩ、エージェンティックテクノロジーという技術を日本の

IPと統合することで、経済政策のパラダイムを変え、新たな資本主義を実現する契機となるでしょう。

小原：日本人はどの国の人よりも勤勉で、真面目で、優秀だと思っています。生成AIによって言葉の壁が取り払われることも、日本にとっては追い風になるでしょう。「失われた30年で日本は世界に後れを取ってしまった」とよく言いますが、新しい技術の使い方や事例がどんどん出てくれば、どんどん生産性が上がると思います。エージェンティックオートメーションで進化した自動化が、あらゆる企業にとって社員が生き生きできるテクノロジーになってくれることを期待しています。

——皆さん、ありがとうございました。

左から石山氏、金氏、小原氏、矢向氏、梶尾

おわりに

この本を手に取っていただき、ありがとうございます。国内における自動化のケーススタディーと、生成ＡＩによって自動化が進化した先にある「エージェンティックオートメーション」について、皆さんはどんな感想を持たれたでしょうか。

ＮＲＡＣは、エージェンティックオートメーションを現時点で目指すべき「新しい自動化」の姿だと考えています。生成ＡＩとＲＰＡを掛け合わせることで、人の行動や思考を代替し、自律的に業務を遂行する新たな段階がいよいよ現実味を帯びてきています。

私自身も企業の経営陣の一員として、日々様々な経営課題に対する判断を行う立場にあり、網羅的に全てをロジカルに判断することの困難さを感じています。本書2章で語られていたようなエージェントが自分の手元にあれば、私に代わって情報を収集整理し、優先順位をつけて判断をサポートしてくれる、良き参謀として私を助けてくれるのではないかと大いに期待を抱きました。

本書でインタビューさせていただいた11の企業・組織の皆様からは、様々な業界の現場における自動化の事例と課題、そしてその克服方法を詳しく語っていただきました。これらの知見を広く社会に共有していくことと、エージェンティックオートメーションという新しい自動化の概念を広め、推進していくことが、社会全体のデジタル化を加速させる重要な一歩になると確信しています。

現在、多くの企業で自動化への取り組みが進められています。しかしその多くはまだ判断の不要な定型業務を自動化し、コストと工数を削減するという、自動化の第1段階に止まっています。ここからエージェンティックオートメーションへと自動化が進化するための課題は、自動化の「脳」に当たる生成ＡＩに、社内のデータや経験値を実装することです。

これを進めるための鍵が、自動化の目標の見直しです。これまでの自動化は、業務の代替やコスト削減などを目標として行われていました。一方で、エージェンティックオートメーションの本質は、判断の質の向上やスピードの実現といった付加価値をもたらすことにあります。

日本企業の多くは、利益を上げるためには縮小均衡でコストを下げる方に意識を向けがちですが、これからの世界で生き残るためには、縮小均衡をやめ、ＩＴの活用で付加価値を上げ、売り上げと利益の両方を伸ばすように経営が変わる必要があります。これに合わせて、自動化の目標を「コスト」から「付加価値」に見直すことで、必然的に生成ＡＩの活用をより進めるように優先度が変わるはずです。

生成ＡＩの技術進化は著しく、欧米ではすでに生成ＡＩ×ＲＰＡによる自動化の進化が始まっています。あと数年以内で、日本にもこの波はやって来るでしょう。その時を迎えるために、ＮＲＡＣは３つの取り組みを推進していきます。第一に、先進的な取り組みと成功事例の共有を進めます。第二に、経営者に向けた生成ＡＩやＲＰＡに関する知識の提供と人材の育成のための教育機会を提供します。そして第三に、新技術の社会実装に必要な制度やルールの整備に向けて、政府や各業界団体への働きかけを行っていきます。私たちは、会員企業の皆様と緊密に連携しながら、これらの取り組みを加速させていきます。

その先に見えてくるのは、エージェンティックオートメーションによる新しい自動化がもたらす付加価値が社会に浸透し、人々がより創造的な活動に時間を費やせる、豊かな未来の姿です。本書が、そのような未来への始まりとなることを願ってやみません。

末筆となりますが、お忙しい中、インタビューにご対応いただきました、慶應塾大学ＡＩ・高度プログラミングコンソーシアム様、たにあい糖尿病・在宅クリニック様、中外製薬株式会社様、認定ＮＰＯ法人Ｔｅａｃｈ　Ｆｏｒ　Ｊａｐａｎ様、東京電力エナジーパートナー株式会社様、トヨタ自動車株式会社様、長野県塩尻市様、日清食品ホールディングス株式会社様、パーソルテンプスタッフ株式会社様・パーソルワークスイッチコンサルティング株式会社様、丸喜産業株式会社様、三井住友カード株式会社様、そして座談会で多くの知見と示唆に富むご

■ 商品に関する問い合わせ先

このたびは弊社商品をご購入いただきありがとうございます。本書の内容などに関するお問い合わせは、下記のURLまたは二次元バーコードにある問い合わせフォームからお送りください。

https://book.impress.co.jp/info/

上記フォームがご利用いただけない場合のメールでの問い合わせ先

info@impress.co.jp

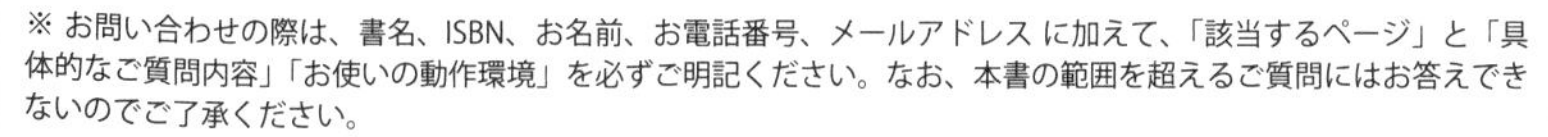

※ お問い合わせの際は、書名、ISBN、お名前、お電話番号、メールアドレス に加えて、「該当するページ」と「具体的なご質問内容」「お使いの動作環境」を必ずご明記ください。なお、本書の範囲を超えるご質問にはお答えできないのでご了承ください。

- 電話やFAX でのご質問には対応しておりません。また、封書でのお問い合わせは回答までに日数をいただく場合があります。あらかじめご了承ください。
- インプレスブックスの本書情報ページ https://book.impress.co.jp/ books/1124101077 では、本書のサポート情報や正誤表・訂正情報などを提供しています。あわせてご確認ください。
- 本書の奥付に記載されている初版発行日から3年が経過した場合、もしくは本書で紹介している製品やサービスについて提供会社によるサポートが終了した場合はご質問にお答えできない場合があります。

■ 落丁・乱丁本などの問い合わせ先

FAX 03-6837-5023　service@impress.co.jp　※古書店で購入された商品はお取り替えできません。

生成AIがもたらす未来の働き方

11の成功例から見るRPAの現在地とエージェンティックオートメーションの可能性

2025年3月21日　初版発行

著　　者　一般社団法人 次世代RPA・AIコンソーシアム（NRAC）
監　　修　長谷川 康一
執筆協力　板垣 朝子、百瀬 公朗

発 行 人　高橋 隆志
編 集 人　中村 照明
発 行 所　株式会社インプレス　〒101-0051　東京都千代田区神田神保町一丁目105番地
ホームページ https://book.impress.co.jp/

印刷所　株式会社広済堂ネクスト
ISBN978-4-295-02126-1　C0036
Printed in Japan

発言をいただきました株式会社エクサウィザーズ 石山洸様、慶應義塾大学大学院 矢向高弘様、中外製薬株式会社 小原圭介様、一般社団法人Ｒｏｂｏ Ｃｏ－ｏｐ 金辰泰様に深く感謝申し上げます。

２０２４年11月
一般社団法人次世代ＲＰＡ・ＡＩコンソーシアム 副会長 中村 清貴